AMICI MA NON TROPPO

AMICI MA NON TROPPO
DICIONÁRIO ITALIANO-PORTUGUÊS DE FALSAS ANALOGIAS

Paola Budini

SÃO PAULO 2019

Copyright © 2002, Livraria Martins Fontes Editora Ltda.,
São Paulo, para a presente edição.

1ª edição 2002
2ª edição 2013
2ª tiragem 2019

Acompanhamento editorial
Luzia Aparecida dos Santos
Revisões gráficas
*Maria Luiza Favret
Solange Martins*
Produção gráfica
Geraldo Alves
Paginação
Studio 3 Desenvolvimento Editorial

Dados Internacionais de Catalogação na Publicação (CIP)
(Câmara Brasileira do Livro, SP, Brasil)

Budini, Paola
  Amici ma non troppo : dicionário italiano-português de falsas analogias / Paola Budini. – 2ª ed. – São Paulo : Editora WMF Martins Fontes, 2013.

Título original: Amici ma non troppo.
Bibliografia.
ISBN 978-85-7827-614-0

1. Italiano – Analogia 2. Italiano – Dicionários – Português I. Título. II. Título: Dicionário italiano-português de falsas analogias.

12-09129   CDD-453.69

Índices para catálogo sistemático:
  1. Italiano : Dicionários : Português   453.69
  2. Italiano-português : Dicionários   453.69

Todos os direitos desta edição reservados à
Editora WMF Martins Fontes Ltda.
*Rua Prof. Laerte Ramos de Carvalho, 133 01325.030 São Paulo SP Brasil
Tel. (11) 3293.8150 e-mail: info@wmfmartinsfontes.com.br
http://www.wmfmartinsfontes.com.br*

NOTA DA AUTORA

Acreditamos que, pela projeção que nestes últimos anos a Itália vem tendo no mundo atual, este livro se torne útil aos que, por algum motivo, travem contato com a língua "del bel canto".

Como professora de italiano deparei muitas vezes com as falsas interpretações dadas pelos alunos, originadas pela semelhança ou até mesmo igualdade das palavras escritas ou faladas, fato que me levou à elaboração deste dicionário. Encontram-se nele registrados, outrossim, vocábulos que na maioria das vezes têm sentido igual e que diferem só em algumas acepções.

Os leitores encontrarão no fim deste uma lista de palavras cognatas ou não, que apresentam gênero diferente nas duas línguas, fato que também induz a erros numa tradução.

Sendo o português e o italiano línguas neolatinas, portanto pertencentes ao mesmo tronco e ambas provenientes do latim vulgar, ocorre que algumas vezes as palavras, apesar da mesma etimologia, sofreram alterações semânticas diferentes, originando assim palavras homófonas ou homógrafas.

Este pequeno dicionário de "falsos amigos", como são chamados em francês ("faux amix") ou em inglês ("false friends") os vocábulos que, pela sua semelhança, levam a traduções errôneas, destina-se a dirimir dúvidas tanto de alunos como de tradutores ou estudiosos de italiano em geral.

A relação das palavras está longe de ter a pretensão de estar completa. Por isso agradeço, desde já, aos leitores as suas contribuições e registro o meu agradecimento aos que, direta ou indiretamente, me ajudaram e incentivaram na elaboração deste dicionário.

A todos o meu sincero muito obrigada.

Paola Budini

ABREVIATURAS EMPREGADAS

adj.	adjetivo	Mar.	Marinha
adv.	advérbio – adverbial	obs.	observação
art.	artigo	O.D.	objeto direto
aux.	auxiliar	O.I.	objeto indireto
comp.	comparativo	onom.	onomatopéia – onomatopéico
conj.	conjunção		
cont.	continuação	part.	particípio
def.	definido	pass.	passado
f.	feminino	pess.	pessoa – pessoal
fig.	figurado	pl.	plural
imp.	imperativo	port.	português
ind.	indicativo	poss.	possessivo
inf.	infinitivo	prep.	preposição – prepositiva
int.	intransitivo	pres.	presente
interj.	interjeição	pret.	pretérito
inv.	invariável	pron.	pronome – pronominal
it.	italiano	reflex.	reflexivo
ling.	linguagem	s.	substantivo – substantiva
lit.	literatura – literário	sing.	singular
loc.	locução	t.	transitivo
m.	masculino	v.	verbo

AVISO: as sílabas tônicas, de cada verbete, encontram-se sublinhadas.

A

■ A (prep.)

Esta prep. pode ser encontrada também sob a forma eufônica AD quando precede palavras que começam por vogal: *cominciare ad amare*, "começar a amar".
A contração da prep. A com os art.def. dá origem às seguintes preposições: A+IL = AL (ao); A+L'= ALL' (ao, à); A+LO = ALLO (ao); A+LA = ALLA (à); A+I = AI (aos); A+GLI = AGLI (aos); A+LE = ALLE (às).
Tem, na maioria das vezes, emprego semelhante ao da prep. A em port. Traduz-se, no entanto, por:
EM, quando indica lugar e se responde à pergunta "onde?" *Sono a casa*, "estou em casa".
DE ou EM, quando indica tempo: *all'alba*, "de madrugada"; *al sabato*, "no sábado".
Tem também valor distributivo em *due a due*, "de dois em dois"; *uno alla volta*, "um de cada vez".
Vem sempre após o v. *andare* quando este é seguido de um v. no inf.: *Vado a mangiare*, "vou comer"; *Piero va a dormire presto*, "Piero vai dormir cedo".
Entra em loc.adv. tais como: *a stento*, "com dificuldade"; *a tentoni*, "às apalpadelas, tateando"; *a poco a poco*, "aos poucos"; *a goccia a goccia*, "gota a gota", ou em loc. prep. como: *davanti a*, "na frente de"; *sotto a*, "embaixo de"; *dietro a*, "atrás de"; *fino a*, "até"; *vicino a*, "perto de"; *oltre a*, "além de"; *in mezzo a*, "no meio de".

■ ABATE (s.m.)

Trata-se de ABADE (padre superior de um convento)
L'abate generale dei Benedettini sta arrivando, "o abade geral do Beneditinos está chegando".
"Abate", em it., é *macellazione | sconto*.

A

- **ABBONARE** (v.t. e reflex.)
  É ABONAR mas também tem a conotação de:
  FAZER UMA ASSINATURA (na voz reflex.).
  Mi sono abbonata per un anno, "fiz uma assinatura de um ano".

- **ACCA** (s.f.)
  Não se trata de "aca" (em it. *puzzo*) mas da 8.ª letra do alfabeto, "H". É usada nas expressões: *non capire un'acca*, "não entender nada", e *non valere un'acca*, "não valer nada".
  Só tem valor fonético depois da letra C ou da letra G seguidas de "e" ou "i": CHE, CHI, GHE, GHI.

- **ACCATTARE** (v.t.)
  Não é "acatar"(em it., *rispettare | seguire*) mas: MENDIGAR.

- **ACCETTA** (s.f.)
  Só deve ser traduzido por "aceita"quando se tratar da 3.ª pess. sing. do pres. do ind., da 2.ª pess. sing. do imp. do v. *accettare* ou do f. do adj. *accetto/a*.
  Na forma s., porém, significa: MACHADO.
  Tagliare l'albero con l'accetta, "cortar a árvore com o machado".
  No sentido fig. há a expressão:
  Quell'uomo è proprio tagliato con l'accetta, "aquele homem é mesmo um grosso".

- **ACCIDENTI** (interj. e s.m.pl.)
  Exprime: raiva, espanto, admiração. Possui também outras formas, como: *acciderba, accipicchia, accidempoli*. Verte-se por: RAIOS!, PUXA!
  Accidenti, mi sono bruciato!, "raios, queimei-me!"
  Na forma s. é pl. de *accidente*, "acidente".

- **ACCORDARE** (v.t.)
  É: ACORDAR na acepção de CONCORDAR e não na de "despertar" (em it., *svegliare*).
  Accordare il predicato con il soggetto, "concordar o predicado com o sujeito".

- **ACCREDITARE** (v.t.)
  Não deve ser traduzido por "acreditar" (em it., *credere*) pois tem o sentido de:
  DAR CRÉDITO.
  Accreditare un'opinione, "dar crédito a uma opinião".
  Ou de: CONFERIR PODERES, CREDENCIAR.
  Accreditare un ambasciatore presso un Governo, "credenciar um embaixador junto a um Governo".

ADDITARE (v.t.)

É: APONTAR, MOSTRAR e não "aditar" (em it., *aggiungere*).
Additare l'oggetto scelto, "apontar o objeto escolhido".
Gli ho additato la strada più breve, "mostrei-lhe o caminho mais curto".
No sentido fig. assume a conotação de: EXPOR.
Additare un'opinione, "expor uma opinião".
Lo hanno additato al pubblico disprezzo, "expuseram-no ao desprezo público".

ADDOBBARE (v.t. e reflex.)

Nada tem a ver com "adobar" (em it., *fare [o fornire] mattoni di argilla cotta al sole*), pois corresponde, em port., a: ADORNAR, ENFEITAR.
Addobbare una chiesa, "enfeitar uma igreja".
Na voz reflex. ENFEITAR-SE.
La città si sta addobando per la festa, "a cidade está enfeitando-se para a festa".

ADDOBBO (s.m.)

É: DECORAÇÃO, GUARNIÇÃO e não "adobe" ou "adobo" (em it., *mattone di argilla cotta al sole*).

AFFAMARE (v.t. e int.)

Deve ser traduzido por: ESFOMEAR, ESFAIMAR, REDUZIR À FOME.
Affamare un popolo, una città, "reduzir um povo, uma cidade, à fome".
"Afamar", em it., é: *dar fama, rendere famoso*.

AFFAMATO (adj. e part.pass. de *affamare*)

Significa: ESFOMEADO, FAMINTO, pois "afamado", em it., é: *famoso, celebre, noto*.
Quell'uomo è affamato, "aquele homem está faminto".

AFFANNARE (v.t., int. e reflex.)

Pode significar AFANAR no sentido de "procurar", "conseguir com afã" ou no de "cansar-se", mas não no sentido usado na ling. popular de "roubar, furtar" (em it., *rubare, furtare*).

AFFERIRE (v.int.)

V. usado na ling. burocrática com os seguintes significados:
CONCERNIR, DIZER RESPEITO, REFERIR-SE.
I settori catalogati afferiscono al gruppo succitato, "os setores catalogados se referem ao grupo acima mencionado".
"Aferir" pode ser traduzido, em it., por: *controllare | bollare i pesi e le misure controllate | comparare | calcolare | valutare*.

A

- **AFFETTARE** (v.t.)
  Traduz-se por: OSTENTAR | FINGIR, SIMULAR. Seu emprego mais comum, no entanto, é: FATIAR.
  Affettava pose da gran dama, "ostentava poses de grande dama".
  Affettava il prosciutto, "fatiava o presunto".

- **AFFETTATO**[1] (adj. e part.pass. de *affettare*)
  É tanto AFETADO como PRESUMIDO, PRETENSIOSO.
  Una persona affettata, "uma pessoa pretensiosa".

- **AFFETTATO**[2] (s.m.)
  Termo que denota: FRIOS EM GERAL, FATIADOS.
  Comprare un chilo di affettato, "comprar um quilo de frios".

- **AFFOLLARE** (v.t. e reflex.)
  Não é "afolar" (em it., *ravvivare soffiando con il mantice*) mas: LOTAR, AGLOMERAR-SE.
  Gli spettatori affollavano il teatro, "os espectadores lotavam o teatro".
  Gli spettatori si affollano davanti al cinema, "os espectadores se aglomeram em frente ao cinema".

- **AGGETTARE** (v.int.)
  Termo usado principalmente em arquitetura. Quer dizer: RESSALTAR, FAZER SACADA, e não "ajeitar" (em it., *sistemare, accomodare*).

- **AGGUANTARE** (v.t.)
  Não é "agüentar" (em it., *sopportare, resistere*) e sim: AGARRAR, APANHAR.
  La polizia ha agguantato il ladro, "a polícia agarrou o ladrão".

- **AGGUATO** (s.m.)
  Nada tem em comum com o adj. "aguado" (em it., *annacquato*). Traduz-se por: EMBOSCADA.
  Sono caduti in un agguato, "caíram em uma emboscada".

- **AGIO** (s.m.)
  Significa: COMODIDADE, À VONTADE | ESPAÇO, OU TEMPO, SUFICIENTE
  Stia a suo agio, "fique à vontade".
  Farò il lavoro appena avrò un po' di agio, "Farei o trabalho assim que tiver um pouco de tempo (ou espaço) suficiente".
  No pl. assume a conotação de: RIQUEZA.
  Vivere negli agi, "viver na riqueza".
  "Ágio", em it., é: *aggio*.

AGOGNARE (v.t.)
Traduz-se por: DESEJAR ARDENTEMENTE, COBIÇAR e não "agoniar" (em it., *tormentare*).
Agognare il potere, "cobiçar o poder".

AIA (s.f.)
Não se trata de "aia" (em it., *cameriera, istitutrice*) mas de: EIRA.
Essiccare i fagioli nell'aia, "secar os feijões na eira".
Obs.: tem, porém, o mesmo significado de "preceptora" na forma f. do s. "aio".
Há as expressões:
Pagarsi sull'aia, "cobrar sem demora".
Mettere in aia, "arriscar-se".
Menare il can per l'aia, "iludir para ganhar tempo, embromar".

ALARE (s.m.)
Não possui nenhum dos sentidos do v. "alar" (em it., *tirare | issare*).
Trata-se de FERRO DE SUPORTE DA LENHA NA LAREIRA.

ALIARE (v.int.)
É: VOEJAR, PAIRAR, ADEJAR pois "aliar", em it., é: *alleare, unire*.
L'ape sta aliando sul fiore, "a abelha está pairando sobre a flor".

ALLEGARE (v.t.)
Pode ser traduzido de várias maneiras:
- ALEGAR, ANEXAR
La traduzione va allegata alla lettera, "a tradução deve ser anexada à carta".
- TRAVAR (os dentes)
Questa frutta acerba allega i denti, "esta fruta ácida trava os dentes".
- LIGAR (metais)
Allegare l'argento e il rame, "ligar a prata e o cobre".

ALLIGNARE (v.int.)
Não quer dizer "alinhar" (em it., *allineare*) e sim:
ARRAIGAR-SE, VINGAR (planta).
Questa pianta non allignerà in questo paese, "esta planta não vingará neste país".

ALLORA (conj. e adv.)
Apesar de não ser palavra homófona nem homógrafa, julgamos oportuno esclarecer seu significado, pois, geralmente, é traduzida, por analogia, por "agora" (em it., *adesso*) enquanto seu sentido é:
- ENTÃO, NESTE CASO
Allora, cosa faremo domani?, "então, o que faremos amanhã?".

A

■ NAQUELE TEMPO
Le donne di allora erano più vestite, "as mulheres naquele tempo eram mais vestidas".
Obs.: a sua repetição tem a conotação de:
NAQUELE INSTANTE
L'avevo visto allora allora, "tinha-o visto naquele instante".

■ **ALVO** (s.m.)
Não deve ser traduzido por "alvo" (em it., *bersaglio | scopo, motivo | bianco, candido*) mas por VENTRE (lit.).
L'alvo materno, "o ventre materno".

■ **AMMASSARE** (v.t. e pron.)
Traduz-se por: AMONTOAR, JUNTAR e não por "amassar" (em it., *impastare | schiacciare*).
Ammassare i vestiti, "amontoar os vestidos".
Na forma pron.: JUNTAR-SE, AGLOMERAR-SE.
La folla si ammassa davanti al tribunale, "a multidão se aglomera na frente do tribunal".

■ **AMMOLLARE** (v.t.)
Tem várias traduções possíveis:
■ AMOLECER
Ammollare i biscotti nel latte, "amolecer os biscoitos no leite".
■ AFROUXAR
Ammollare la corda, "afrouxar a corda".
■ DAR, LARGAR (fig.)
Ammollare uno schiaffo, "dar uma bofetada".
"Amolar", em it., é: *arrotare | disturbare*

■ **AMO** (s.m.)
É: ANZOL e não "amo" (em it., *padrone di casa*).
Pescare con l'amo, "pescar com o anzol".

■ **ANCORA**[1] (s.f.)
É igual ao port.: ÂNCORA.
L'ancora della barca, "a âncora do barco".

■ **ANCORA**[2] (adv.)
Traduz-se por: AINDA.
È ancora bagnato?, "ainda está molhado?".
Obs.: a diferença entre o s. e o adv. é também fonética pois no primeiro a tônica recai sobre o primeiro "a" e, no segundo, sobre o "o".

ANDARE (v.int.)
De modo geral deve ser traduzido por: IR e não por "andar" (em it., *camminare*).
Bisogna andare via, "é preciso ir embora".
Entre outras, há as seguintes acepções:
- ESTAR NA MODA
Quest'estate va il nero, "neste verão o preto está na moda".
- VALER, TER VALOR LEGAL
Le monete da 10 centesimi non vanno più, "as moedas de 10 centavos não valem mais".
- FUNCIONAR
Il motore non va, "o motor não funciona".
- ESTAR A FIM DE
Non mi va di uscire con questa pioggia, "não estou a fim de sair com esta chuva".
Há várias expressões, tais como:
Andare a donne, "paquerar".
Andare dentro, "ir para a cadeia".
Andare soldato, "fazer o serviço militar".
Andare in onda, "ir ao ar" (rádio, TV).
Andare a ruba, "ter muito sucesso".
Andare di mezzo, "estar envolvido com algo".
Andare in bestia, "enfurecer-se".
Andare a finire, "acabar, terminar".
Andare a rete, "marcar um gol".
Andare pazzo di qualcuno, "estar loucamente apaixonado por alguém".
Obs.:
– quando seguido do gerúndio indica repetição de uma ação: *Va gridando*, "vá gritando".
– seguido de um part.pass. significa: DEVER SER.
Questa medicina va presa due volte al giorno, "este remédio deve ser tomado duas vezes ao dia".
– unido ao pron. *ne* quer dizer:
- ESTAR EM JOGO
Ne va della mia dignità, "minha dignidade está em jogo".
- ESTAR EM PERIGO
Ne va della nostra vita, "nossa vida está em perigo".

ANEDDOTO (s.m.)
Trata-se de palavra muito usada pelos italianos para designar:
PARTICULARIDADE ENGRAÇADA OU EPISÓDIO POUCO CONHECIDO, DE CARÁTER HISTÓRICO OU RELATIVO À VIDA DE UM PERSONAGEM, CONTADO GERALMENTE PARA SATISFAZER A CURIOSIDADE DE OUTREM.
A proposito di Federico Fellini dopo vi racconterò un aneddoto, "depois contarei uma particularidade engraçada sobre Federico Fellini".
"Anedota" em italiano é: *barzelletta*.

A

- **ANGARIARE** (v.t.)
  Não é o equivalente do v. "angariar" (em it., *raccogliere*) mas de: VEXAR, ATORMENTAR, OPRIMIR.
  Lui adora angariare la moglie, "ele adora atormentar a esposa".
  Il tiranno angariava i suoi sudditi, "o tirano oprimia seus súditos".

- **ANGUSTIA** (s.f.)
  Além de ANGÚSTIA (no sentido de "estreiteza de tempo ou de espaço" ou "ansiedade") tem também, no pl., o sentido de: POBREZA.
  Trovarsi in angustie, "estar na pobreza".

- **ANO** (s.m.)
  Não é "ano"(em it., *anno*) mas: ÂNUS.
  Ano artificiale, "ânus artificial" (orifício construído cirurgicamente).

- **ANTA** (s.f.)
  É: PORTA (de armário, de móvel), BATENTE e não "anta" (em it., *tapiro*).
  Le ante dell'armadio, "as portas do armário".
  Le ante della finestra, "os batentes da janela".
  No pl. significa "enta":
  Ho 42 anni, ormai sono entrata negli anta, "tenho 42 anos, já entrei nos enta".

- **ANTENATO** (s.m.)
  Não é, de modo algum, "antenado" (em it., *antennato*). Deve ser traduzido por: ANTEPASSADO, ANCESTRAL.
  I miei antenati erano tedeschi, "os meus antepassados eram alemães".

- **APPAGARE** (v.t. e reflex.)
  Traduz-se por: REALIZAR, SACIAR, SATISFAZER e não por "apagar" (em it., *spegnere*).
  Appagare un desiderio, "satisfazer um desejo".
  Na voz reflex.: CONTENTAR-SE.
  Chi si appaga di poco è felice, "quem se contenta com pouco é feliz".

- **APPAGATORE** (adj. e s.m.)
  Não é "apagador" (em it., *cimosa*) mas: QUE SATISFAZ.

- **APPARARE** (v.t. e reflex.)
  Não tem os mesmos significados de "aparar" (em it., *acchiappare | appuntire*).
  É: APARELHAR, ENFEITAR.
  Apparare la chiesa, "enfeitar a igreja".
  Na voz reflex.: VESTIR-SE, ENFEITAR-SE.

- **APPARENTARE** (v.t.)
  É: APARENTAR na acepção de "estabelecer parentesco" pois "ter a aparência de", em it., é: *parere, sembrare*.
  Il matrimonio lo apparentò alla famiglia reale, "o casamento aparentou-o à família real".

- **APPELLARE** (v.t. e int.)
  Traduz-se por: APELAR quando for termo jurídico, porém tem também o significado de: CHAMAR (pelo nome), NOMEAR.
  "Apelar", em it., é: *invocare, chiedere aiuto*.

- **APPOGGIARE** (v.t.)
  Significa: APOIAR, ENCOSTAR | AJUDAR, AMPARAR.
  Signora, appoggi la testa, "senhora, encoste a cabeça".
  Appoggiare un partito politico, "apoiar um partido político".
  Nada tem em comum, portanto, com "apojar", em it. *riempirsi di latte, inturgidire*.

- **APPONTARE** (v.int.)
  Termo usado apenas na Marinha e na Aeronáutica. Significa:
  ATERRISSAR UM AVIÃO OU HELICÓPTERO NA PISTA DE POUSO DE UM PORTA-AVIÕES.
  Nada tem em comum com "apontar" (em it., *appuntare | indicare | imbastire*).

- **APPOSTA** (adv.)
  Significa: DE PROPÓSITO, PROPOSITADAMENTE.
  Non l'ha fatto apposta, "não o fez de propósito".
  "Aposta", em it., é: *scommessa*.

- **APPOSTARE** (v.t.)
  Possui significados diferentes do port. Pode ser: EMBOSCAR, VIGIAR, ASSESTAR.
  Appostare la selvaggina, "vigiar a caça".
  "Apostar", em it., é: *scommettere | accomodare*.

- **APPRESSARE** (v.t. e reflex.)
  É: APROXIMAR, APROXIMAR-SE e não "apressar" (em it., *affrettare*).
  Appressarsi alla meta, "aproximar-se da meta".
  No sentido fig. pode ter a conotação de: PARECER.

- **APPRESSO**[1] (adv.)
  É: DEPOIS, MAIS TARDE, SEGUINTE. Não se trata, portanto, do v. "apressar" (em it., *affrettare*).
  Poco appresso, "pouco depois".
  Il giorno appresso, "o dia seguinte".

■ APPRESSO² (prep.)
Tem o sentido de: PERTO, AO LADO.
Stammi appresso, "fique perto de mim".
"Apreço", em it., é: *stima, considerazione.*

■ APPUNTAMENTO (s.m.)
É: ENCONTRO e não "apontamento" (em it., *appunto | abbozzo*).
Fissare un appuntamento, "marcar um encontro".

■ ARDITO (adj. e part.pass. de *ardire*)
É igual ao port. no sentido de ARDIDO, CORAJOSO, VALENTE mas não no de "queimado" (em it., *arso, bruciato*).
Un ragazzo ardito, "um rapaz corajoso".

■ ARIA (s.f.)
Além de ÁRIA (música) significa: AR | ASPECTO, APARÊNCIA.
L'aria di montagna mi fa bene, "o ar da montanha me faz bem".
Ha sempre un'aria stanca, "tem sempre uma aparência cansada".

■ ARRANCARE (v.int.)
Não é "arrancar" (em it., *strappare, sradicare*) mas:
COXEAR, ANDAR COM DIFICULDADE | REMAR VIGOROSAMENTE.
Gli atleti arrancano in salita, "os atletas andam com dificuldade em subida".

■ ARREDARE (v.t.)
Deve ser traduzido por: MOBILIAR, ADORNAR e não por "arredar" (em it., *arretrare | allontanare | sviare*).
Arredare un appartamento, "mobiliar um apartamento".

■ ARROTARE (v.t.)
É: AMOLAR, AFIAR | ATROPELAR e não "arrotar" (em it., *ruttare*).
Arrotare la lamina del coltello, "afiar a lâmina da faca".
È stato arrotato da una bicicletta, "foi atropelado por uma bicicleta".

■ ARROTINO (s.m.)
Não significa "pequeno arroto" (em it., *ruttino*) mas:
AMOLADOR, AFIADOR.
L'arrotino è in questa strada, "o amolador está nesta rua".

ARRUFFARE (v.t.)
Traduz-se por: DESGRENHAR, DESPENTEAR | COMPLICAR e não por "arrufar" (em it., *irritare* | *increspare*).
Arruffare i capelli, "desgrenhar os cabelos".
Arruffare le idee, "complicar as idéias".

ARRUOLARE (v.t. e reflex.)
Deve ser traduzido por: ALISTAR, RECRUTAR e não por "arrolar" (em it., *registrare* | *arrotolare* | *cullare*).
Durante la guerra l'esercito arruolò molti soldati, "durante a guerra o exército recrutou muitos soldados".
Na voz reflex. significa: ALISTAR-SE.
Vogliono arruolarsi in Marina, "querem alistar-se na Marinha".

ASCIA (s.f.)
Significa MACHADO e não "acha" (em it., *azza* | *ciocco*).
Tagliare i rami dell'albero a colpi di ascia, "cortar os galhos da árvore com golpes de machado".
Tagliato con l'ascia, "tosco".
Maestro d'ascia, "carpinteiro naval".
Dissotterrare l'ascia di guerra, "ter intenções belicosas".

ASCOSO (adj. e part.pass. de *ascondere*)
Além de adj. é também o part.pass. do v. *ascondere*. Traduz-se por: ESCONDIDO, OCULTO.
"Ascoso", em it., é: *schifoso*.

ASILO (s.m.)
Além de ASILO no sentido de:
a) "refúgio": *asilo politico*, "asilo político".
b) "lugar onde são recolhidas pessoas desamparadas": *un asilo per vecchi*, "um asilo para velhos", este termo é muito usado para indicar:
  ▪ CRECHE
Asilo-nido, "creche para crianças até 3 anos".
  ▪ JARDIM-DE-INFÂNCIA
Asilo infantile, "jardim-de-infância para crianças de 3 a 6 anos".

ASSENTARSI (v.pron.)
Além de ASSENTAR-SE é: AUSENTAR-SE, AFASTAR-SE.
Si è assentato per due ore, "ausentou-se por duas horas".

- **ASSETARE** (v.int.)
Tem o sentido de: PRIVAR DE ÁGUA, REDUZIR À SEDE.
Il nemico ha assetato la città distruggendo gli acquedotti, "o inimigo privou a cidade de água, destruindo os aquedutos".
"Assetar", variante de "assetear" em it., é: *saettare, ferire con saetta, frecciare*.

- **ASSUNTO** (s.m., part.pass. de *assumere* e adj.)
Além de ASSUNTO significa: ENCARGO, EMPENHO | TESE e ASSUMIDO (quando part. pass. de *assumere* e adj.).
Mi sono liberato di un gravoso assunto, "livrei-me de um encargo pesado".
Sostenere il proprio assunto, "sustentar a própria tese".
Una responsabilità assunta, "uma responsabilidade assumida".

- **ASTRO** (s.m.)
Assemelha-se ao port. apenas na acepção de "corpo celeste" mas não nas de
— "ator principal", em it., *protagonista*.
— "ator famoso", em it., *divo*.
— "luminar", em it., *luminare*.

- **ATTACCARE** (v.t., int. e reflex.)
Além de ATACAR pode querer dizer:
  - COLAR, GRUDAR
Attaccare un francobollo, "colar um selo".
  - PEGAR
Questa moda non attaccherà, "esta moda não vai pegar".
La piantina non ha attaccato bene, "a plantinha não pegou bem".
  - PENDURAR
Attaccare la giacca nell'armadio, "pendurar o paletó no armário".
  - ATRELAR
Attaccare i buoi, "atrelar os bois".
  - "PEGAR", TRANSMITIR (por contágio)
Gino mi ha attaccato il raffreddore, "Gino pegou-me o resfriado".
  - COMEÇAR, INICIAR
Il pianista ha attaccato un brano di Mozart, "o pianista iniciou um trecho de Mozart".
Na voz reflex.:
  - APEGAR-SE
Si è molto attaccato alla nonna, "ele se apegou muito à avó".
  - AGARRAR-SE
Per paura di cadere si attaccò al ramo, "com medo de cair, agarrou-se ao galho".
Notar as expressões:
Attaccare un bottone, "ficar de conversa fiada".
Maria mi ha telefonato e mi ha attaccato un bottone, "Maria telefonou-me e ficou de conversa fiada".
Attaccarsi alla bottiglia, al fiasco, "beber em demasia".

ATTARANTATO (adj.)
Significa: MORDIDO PELA TARÂNTULA (aranha), pois "atarantado", em it., é: *stordito*.

ATTENDERE (v.t. e int.)
Tem ora o sentido de ATENDER, ora o de ESPERAR.
Attendo la tua risposta, "espero a tua resposta".
Na forma int. tem a conotação de: DEDICAR-SE.
Attende a studi linguistici, "dedica-se a estudos lingüísticos".

ATTESTARE (v.t. e reflex.)
Além de ATESTAR pode ser traduzido por: ARRIMAR, ENCOSTAR.
Molti attestarono la verità del fatto, "muitos atestaram a verdade do fato".
Attestare un ponte alla riva, "arrimar uma ponte à margem".
Na voz reflex. significa: FAZER FRENTE, DEFRONTAR-SE.
Le truppe non si sono ancora attestate, "as tropas ainda não se defrontaram".
Obs.: às vezes pode ser encontrado com o sentido de: CABECEAR.

ATTINGERE (v.t.)
Traduz-se geralmente por: ATINGIR, ALCANÇAR.
Attingere la meta, "alcançar a meta".
Difere, porém, quando significa: TIRAR, PEGAR ÁGUA.
Attingere acqua dal pozzo, "tirar água do poço".

ATTIRARE (v.t.)
É: ATRAIR e não "atirar" (em it., *tirare | sparare*).
La calamita attira il ferro, "o ímã atrai o ferro".
Le bellezze dell'Italia attirano i turisti, "as belezas da Itália atraem os turistas".

AULA (s.f.)
Só deve ser traduzido por AULA quando tiver o sentido de: SALA DE AULA e não o de "lição" (em it., *lezione*).
La lezione di oggi sarà nell'aula 3, "a aula de hoje será na sala 3".

AUTISTA (s.m.)
É: MOTORISTA, além de indicar também AUTISTA (pessoa portadora de autismo).
Maria ha un figlio autista, "Maria tem um filho autista".
Il tuo autista guida bene, "teu motorista dirige bem".

AVANZARE (v.int. e t.)
Como v.int., além de AVANÇAR, significa SOBRAR.
Le truppe avanzano, "as tropas avançam".
Quante lire sono avanzate?, "quantas liras sobraram?"
Como v.t.: APRESENTAR, PROPOR.
L'oratore ha avanzato una proposta interessante, "o orador apresentou uma proposta interessante".

AVANZO (s.m.)

Não pode ser traduzido por "avanço" (em it., *avanzata*) e sim por SOBRA, RESTO.
Mangiare gli avanzi, "comer as sobras".
Dieci diviso tre fa tre con l'avanzo di uno, "dez dividido por três são três, com resto igual a um".
Há as expressões:
Ce n'è d'avanzo, "tem de sobra".
È un avanzo di galera, "pessoa pouco recomendável".
No pl. tem o sentido de: RUÍNAS, RESTOS ARQUEOLÓGICOS.
Questi sono gli avanzi di un'antichissima civiltà, "estas são as ruínas de uma antiqüíssima civilização".

AVOCADO (s.m.)

Trata-se do ABACATEIRO e não de "advogado" (em it., *avvocato*).
L'avocado è un albero tropicale, "o abacateiro é uma árvore tropical".

B

- **BA<u>BAU</u>** (s.m.)
  Enquanto, em port., esta palavra denota "personagem fantástico da farsa popular do bumba-meu-boi", em it. significa: BICHO-PAPÃO.
  Bambini, se non state buoni, chiamo il babau, "crianças, se não ficarem quietas, chamo o bicho-papão".

- **BAC<u>CA</u>NO** (s.m.)
  Não se trata de "bacana" (em it., *bello*) mas de: BARULHO.
  Fare molto baccano, "fazer muito barulho".

- **BACCEL<u>LIE</u>RE** (s.m.)
  Não é "baceleiro" (em it., *vignaiuolo*) e sim: BACHAREL.

- **BAC<u>CEL</u>LO** (s.m.)
  Traduz-se por: VAGEM, FAVA.
  Mangiare baccelli, "comer favas".
  "Bacelo", em it., é: *magliuolo, vite nuova*.

- **BA<u>CIA</u>** (voz do verbo *baciare*, v.t.)
  Trata-se da 3.ª pess.sing. do ind.pres. e da 2.ª do sing. do imperativo do verbo *baciare*, "beijar", portanto nada tem a ver com "bacia", em it., *catinella | bacino*.
  Il bambino bacia la mamma, "o menino beija a mãe".

- **BA<u>CI</u>NO** (s.m.)
  É o diminutivo de *bacio* (s.m.), portanto deve ser traduzido por: BEIJINHO.
  Denota também:

- BACIA (Geografia)
Il bacino idrografico, "a bacia hidrográfica".
- BACIA (Anatomia)
Si è rotto il bacino sciando, "quebrou a bacia esquiando".

- **BACIO**[1] (s.m.)
É: BEIJO.
Dare un bacio sulla bocca, "dar um beijo na boca".
"Bacio", que significa "urinol" (em it., *orinale*), é um termo em desuso em port.

- **BACIO**[2] (adj.)
Pode ser traduzido por: SOMBREADO. É usado na expressão: *a bacio* = DA PARTE ONDE NÃO BATE O SOL.
Obs.: nessa palavra o "i" é tônico.

- **BACO** (s.m.)
Significa: VERME. Não corresponde à palavra "baco" (em it., *canoa sistemata sulle sponde dei corsi d'acqua per il lavaggio delle sabbie diamantifere*).
C'è un baco nella mela, "tem um verme na maçã".
Baco da seta, "bicho da seda".
No sentido fig. denota: IDÉIA FIXA E CONTÍNUA.

- **BADERNA** (s.f.)
Deve ser traduzido por:
- ABADERNA (Mar.)
- ESTOPA PARA CALAFETAR.
"Baderna", em it., é: *baldoria*.

- **BAFFO** (s.m.)
Traduz-se por: BIGODE e não por "bafo" (em it., *alito, fiato*).
Uomo con i baffi, "homem de bigode".
Notar as expressões:
Ridere sotto i baffi, "rir à socapa".
Un pranzo coi baffi, "um almoço excelente".
Farsene un baffo, "não ligar".
Me ne faccio un baffo del tuo malumore, "não ligo para o teu mau humor".

- **BAGA** (s.f.)
É: JÓIA, TRABALHO PRECIOSO e não "baga" (em it., *bacca, coccola | goccia*).

- **BAIA** (s.f.)
É: BAÍA | GRACEJO, ZOMBARIA.
La baia di Napoli è molto bella, " a baía de Nápoles é muito bonita".
I ragazzi davano la baia a un vecchio, "os meninos zombavam do velho".

B

■ BAITA (s.f.)
Não corresponde ao adj. "baita" (em it., *colossale, famoso*), mas denota:
CHOÇA USADA PARA ABRIGO DE PASTORES NA REGIÃO DOS ALPES.

■ BALESTRA (s.f.)
No sing. é igual ao port.: BALESTRA, BESTA, porém no pl. significa:
MOLAS DE SUSPENSÃO DO CARRO.
La macchina è vecchia, è meglio cambiare le balestre, "o carro está velho, é melhor trocar as molas de suspensão".

■ BALORDO (adj.)
Corresponde apenas à acepção de: OBTUSO, BOBO, SEM SENTIDO, e não à de: "sujo, imundo" (em it., *sporco, immondo*).
Che idea balorda!, "que idéia sem sentido!"

■ BALSA (s.f.)
Não se trata de "balsa" (em it., *zattera | pozza*), mas de: MADEIRA MAIS LEVE QUE A CORTIÇA USADA PARA AEROMODELISMO.

■ BALZA (s.f.)
É: PENHASCO, BARRANCO | FAIXA.
Per poco l'alpinista non cadde dalla balza, "por pouco o alpinista não caiu do penhasco".
Ho fatto mettere una balza bianca al vestito, "mandei colocar uma faixa branca no vestido".
"Balsa", em it., é: *zattera | pozza*.

■ BANCA (s.f.)
É: BANCO e não "banca" (em it., *scrittoio | gioco d'azzardo | commissione di professori a un esame o concorso*).
Devo depositare i soldi in banca, "devo depositar o dinheiro no banco".
Banca del sangue, "banco de sangue".
Banca (dei) dati, "banco de dados".

■ BANDITO (part.pass. de *bandire* e s.m.)
Trata-se do part.pass. do v. *bandire* que significa: PUBLICAR, ANUNCIAR | EXPULSAR, BANIR.
È stato bandito un concorso per assistente universitario, "foi publicado um concurso para assistente universitário".
Dante fu bandito da Firenze, "Dante foi banido de Florença".
O s. "bandito" tem o mesmo significado do port.: "bandido".

B

BARACCA (s.f.)
Pode ser traduzido por: BARRACA, mas tem também o significado de: CHOUPANA.
Trata-se de termo usado nas expressões:
Mandare avanti la baracca, "tocar a vida para frente".
Piantare baracca e burattini, "deixar tudo".
Far baracca, "fazer confusão".
È una baracca!, "em más condições, mal organizado".

BARATO (part.pass. de *barare*)
É o part.pass. do v. *barare* ("trapacear"). Traduz-se por: TRAPACEADO e não por "barato" (em it., *a buon mercato*).
Un gioco barato, "um jogo trapaceado".

BARATTARE (v.t.)
Não é "baratear" (em it., *ridurre il costo*) e sim: TROCAR, PERMUTAR.
Barattare caffè con grano, "trocar café por trigo".
Porém: *barattare due parole* é: "conversar".

BARATTO (s.m.)
É: TROCA, PERMUTA e não "barato" (em it., *a buon prezzo, a buon mercato*).
Fare un baratto, "fazer uma troca".

BARBA (s.f.)
Deve ser traduzido, de modo geral, por: BARBA.
Avere la barba bianca, "ter a barba branca".
Assume, no entanto, conotações diferentes quando usado nas seguintes expressões:
Far crescere la barba, "aborrecer".
Che barba questo film!, "que chato este filme!".
Farla in barba a qualcuno, "enganar alguém".
Quel fiore nell'acqua ha messo le barbe, "cresceram raízes daquela flor na água".
Obs.: em certos dialetos pode significar: TIO.

BATATA (s.f.)
É: BATATA-DOCE, pois a "batata-inglesa", em it., é: *patata*.

BATTENTE (s.m., adj. e part.pres. de *battere*)
Quando s.m. é: BATENTE.
Porém, como adj. ou part.pres. de *battere*, tem os seguintes significados:
Ho attraversato la strada sotto una pioggia battente, "atravessei a rua debaixo de uma forte chuva".
Rispondere a tamburo battente, "responder rapidamente".

BAU ou BAU BAU (onom.)
Não é "baú" (em it., *baule*) mas a voz onom. que reproduz o latido do cachorro: AU AU.
Il cane fa bau bau, "o cachorro faz au au".
A expressão *fare bau bau* significa: METER MEDO NAS CRIANÇAS, ESPANTÁ-LAS.

BECCO (s.m.)
Não deve ser traduzido por "beco"(em it., *vicolo*) mas por:
- BICO

Il becco dell'uccello, "o bico do pássaro".
Il becco del bricco, "o bico do bule".
- BODE

Il becco è il maschio della capra, "o bode é o macho da cabra".
- CORNO (termo popular, usado no sentido fig., denotando "marido traído").

È il solo a non sapere di essere becco, " é o único a não saber que é corno".
É usado também em várias expressões tais como:
Ecco fatto in becco all'oca, "pronto, o trabalho está feito".
Non avere il becco di un quattrino, "não ter nem um tostão".
Mettere il becco in qualcosa, "intrometer-se".
Avere paglia in becco, "estar a par de um segredo".
Restare a becco asciutto, "ficar a ver navios, ser excluído".

BENGALA (s.m.)
Significa: FOGO DE ARTIFÍCIO MUITO COLORIDO.
Não se trata, portanto, de "bastão" (em it., *bastone*).

BICA (s.f.)
Denota: MONTÃO DE GAVELAS, MEDA e não "bica" (em it., *rubinetto* | *grondaia*).

BIGODINO (s.m.)
Não é "bigodinho"(em it., *baffetto*) mas: PAPELOTES, ROLINHOS (para enrolar os cabelos).
Quella donna è sempre con i bigodini, "aquela mulher está sempre de papelotes".
I bigodini della mamma sono nel cassetto, "os rolinhos da mamãe estão na gaveta".

BINARIO (s.m.)
Significa: TRILHO.
Binari a scartamento ridotto, "trilhos de bitola estreita".
Notemos, porém, as expressões:
Andare su un falso binario, "enveredar por um caminho errado".
Essere su un binario morto, "estar impossibilitado de encontrar uma solução".
Obs.: em it., o adj. "binário" tem o mesmo significado do port.

B

■ BIRRA (s.f.)
Trata-se de: CERVEJA e não de "birra" (em it., *bizza, capriccio*).
Bere un bicchiere di birra, "beber um copo de cerveja".
Há as expressões:
A tutta birra, "em grande velocidade".
Dare la birra a qualcuno, "superar alguém nitidamente".

■ BISCA (s.f.)
É: CASA DE JOGO e não "bisca"(em it., *briscola | persona finta e di cattivo carattere*).

■ BISCIA (s.f.)
Significa: COBRA, SERPENTE (não venenosa).
"Bicha", em it., é: *ascaride | sanguisuga | coda, fila | effemminato*.

■ BISOGNO (s.m.)
Traduz-se por: NECESSIDADE, pois "bisonho", em it., é: *inesperto*.
Non c'è bisogno, "não tem necessidade".
Avere bisogno di, "ter necessidade de, precisar".

■ BLOCCO (s.m.)
Além de BLOCO significa: BLOQUEIO.
Un blocco navale, "um bloqueio naval".
Un blocco cardiaco, "um bloqueio cardíaco".

■ BOA (s.m. e f.inv.)
Pode ser: BOA, JIBÓIA ou no gênero f.: BÓIA.
Ho visto un boa allo zoo, "vi uma jibóia no jardim zoológico".
Boa di segnalazione, "bóia de sinalização".
Obs.: o adj. "boa" (f. de "bom"), em it., é: *buona*.

■ BOATO (s.m.)
É: ESTRONDO, pois "boato", em it., é: *diceria*.
Il boato del terremoto, "o estrondo do terremoto".

■ BOIA (s.m.)
Não se trata de "bóia" (em it., *boa | cibo*) mas de: CARRASCO, VERDUGO.
Quell'uomo è un boia, "aquele homem é um carrasco".
Às vezes é usado como adj. com o significado de: MAU, RUIM.
Mondo boia, "mundo ruim".

B

■ BOIATA (s.f.)
Termo familiar que designa: ALGO MALFEITO, PORCARIA.
Il film è una boiata, "o filme é uma porcaria".
"Boiada", em it., é: *branco di buoi*.

■ BOLLA (s.f.)
Não é "bola" (em it., *palla, pallone*) mas: BOLHA | BULA.
Avere le mani piene di bolle, "ter as mãos cheias de bolhas".
Bolla Papale, "Bula Papal".

■ BOLLARE (v.t.)
É: SELAR, CARIMBAR.
Bollare una lettera, "selar uma carta".
"Bolar", em it., é: *colpire con la palla | concepire*.

■ BOLLO (s.m.)
Não é "bolo" (em it., *dolce*) mas: CARIMBO, SELO.
Mettere il bollo sulla carta, "colocar o carimbo no papel".

■ BOLLORE (s.m.)
Significa: FERVURA, QUENTURA.
Mettere la pasta quando l'acqua raggiunge il bollore, "colocar a massa quando a água alcançar a fervura".
Mamma mia che bollore!, "Minha nossa, que quentura!"
"Bolor", em it., é "*muffa*".

■ BOLSO (adj.)
Este adj. denota: CAVALO ASMÁTICO e nada tem a ver com "bolso" (em it., *tasca*).
Hanno abbattuto il cavallo perché era bolso, "abateram o cavalo porque ele estava asmático".

■ BORDARE (v.t.)
É: ORLAR, BORDEAR, e não "bordar" (em it., *ricamare*).
La sarta ha bordato di velluto il colletto del vestito, "a costureira bordeou de veludo a gola do vestido".

■ BORRACCIA (s.f.)
Traduz-se por BORRACHA somente quando tiver o sentido de: "odre de couro, com bocal, para conter líquido".
"Borracha" (substância elástica feita do látex), em it., é: *gomma elastica, caucciú*.
"Borracha" (para apagar algo escrito), em it., é: *gomma (da cancellare)*.

- **BORRACCINA** (s.f.)
  Não é "borrachinha" (em it., *gommina*) mas: MUSGO.
  Mettere la borraccina nel Presepio, "colocar o musgo no presépio".

- **BORRARE** (v.t.)
  Trata-se de termo usado por mineiros que significa: ENTUPIR O EXPLOSIVO NO FURO DA MINA COM MATERIAL ADEQUADO, e não "borrar" (em it., *macchiare, insudiciare*).

- **BOTTA** (s.f.)
  É: PANCADA e não "bota" (em it., *stivale*).
  Ricevere una botta in testa, "receber uma pancada na cabeça".

- **BOTTARE** (v.t.)
  É: GOLPEAR e não "botar" (em it., *mettere*).

- **BOTTE** (s.f.)
  Sua tradução é: PIPA, BARRIL, TONEL, pois "bote", em it., é: *piccola imbarcazione | salto del serpente per mordere | coltellata*.
  Il vino è nella botte, "o vinho está no tonel".
  Notar as expressões:
  Dare un colpo al cerchio e uno alla botte, "dar uma pancada no cravo e outra na ferradura".
  Essere in una botte di ferro, "estar ao abrigo de todo perigo".
  Voler la botte piena e la moglie ubriaca, "querer tudo".

- **BOTTO** (s.m.)
  É: PANCADA, CHOFRE, ESTRONDO, uma vez que "boto", em it., é: *delfino*.
  Questi petardi producono dei botti assordanti, "estes petardos produzem estrondos ensurdecedores".
  Há as expressões:
  In un botto, "em um instante".
  Di botto, "de repente".
  No pl. significa: FOGOS DE ARTIFÍCIO.
  I botti di Capodanno, "os fogos de artifício da passagem do ano".

- **BRADO** (adj.)
  Denota: (ESTADO QUASE) SELVAGEM e nada tem a ver com o s.m. "brado" (em it., *grido, reclamo*).
  In questa zona ci sono ancora cavalli bradi, "nesta região ainda há cavalos selvagens".

BRANCA (s.f.)
É: UNHA, GARRA | RAMO.
La branca delle belve, "a garra das feras".
La branca dell'albero, "o ramo da árvore".
O adj.f. "branca", em it., é: *bianca*.

BRANCO (s.m.)
Outro s. que em it. difere totalmente em sentido do adj. "branco" (em it., *bianco*). Pode ser traduzido, conforme o caso, por:
MANADA, BANDO, VARA, REBANHO.
Un branco di pecore, "um rebanho de ovelhas".
Un branco di porci, "uma vara de porcos".

BRANDA (s.f.)
Denota: MACA, CATRE, CAMA DE ARMAR.
Dormire sulla branda, "dormir na cama de armar".
"Branda" (adj.), em it., é: *blanda*.

BRANDO (s.m.)
Termo lit. que indica: ESPADA.
Il brando della vendetta, "a espada da vingança".
"Brando" (adj.), em it., é: *blando*.

BRIGA (s.f.)
Além de BRIGA significa: INCÔMODO, PROBLEMA DIFÍCIL.
Ha avuto una bella briga, "teve um problema difícil".

BRIGARE (v.int.)
É: INTRIGAR e não "brigar" (em it., *litigare*).

BROCCA (s.f.)
Não deve ser traduzido por "broca" (em it., *trapano*) mas por: JARRA, CÂNTARO.
Una brocca d'acqua, "uma jarra de água".

BRONCO (s.m.)
Não corresponde ao adj. "bronco" (em it., *stupido, grossolano, rozzo*). Trata-se de termo lit. que quer dizer: TRONCO, CAULE.

BROSCIA (s.f.)
Não é "broxa", em it., *pennello da imbianchino*.
Tem vários sentidos: SOPA INSOSSA | ESCRITO OU DISCURSO CHATO | RESÍDUO DO MOSTO.
Chi ha fatto questa broscia?, "quem fez esta sopa insossa?".

BRUTTO (adj.)
Significa: FEIO e não "bruto" (em it., *rozzo, violento*).
Che vestito brutto!, "que vestido feio!".
Serve para reforçar o valor de um adj. (*sei un brutto bugiardo!*) ou de um s. (*sei un brutto imbroglione!*).
Pode ter também o sentido de: MAU.
Un brutto odore, "um mau cheiro".
Un brutto segno, "um mau sinal".

BUGIA (s.f.)
Não tem nem o sentido de "pequena vela, pequeno castiçal", nem de "fêmea do bugio". Significa: MENTIRA.
Le bugie hanno le gambe corte, "as mentiras têm as pernas curtas".

BULINARE (v.t.)
É: BURILAR e não "bolinar" (em it., *bolinare*).

BURRATA (s.f.)
Não se trata de "burrada" (em it., *asinaggine, sciocchezza*) mas de : TIPO DE QUEIJO MOLE.

BURRIFICARE (v.t.)
Tem o significado de: TRANSFORMAR EM MANTEIGA, pois "burrificar", em it., é: *inasinire*.

BURRO (s.m.)
É: MANTEIGA e não "burro" (em it., *asino*).
Mangiare pane e burro, "comer pão com manteiga".
Avere le mani di burro, "deixar cair as coisas da mão".

BUTTARE (v.t., int. e reflex.)
Não significa "botar, colocar" (em it., *mettere*) mas: JOGAR, ARREMESSAR.
Ho buttato il libro nella spazzatura, "joguei o livro no lixo".
Na forma int. traduz-se por: BROTAR.
Il pesco ha tardato a buttare, "o pessegueiro tardou a brotar".
Na voz reflex.: JOGAR-SE.
Per evitare lo scontro si è buttato sulla destra, "para evitar o choque, jogou-se à direita".
Há as expressões:
Buttare all'aria, "jogar para o alto" (no sentido fig.).
Buttare in faccia, "jogar na cara".
Buttare giú, "fazer um trabalho de qualquer maneira I deprimir".

C

CA' (s.f.)
Trata-se da abreviação da palavra *casa*.
Ca' di Teresa, "casa de Teresa".
"Cá", em it., é: *qua*.

CACCIARE (v.t. e reflex.)
Além de CAÇAR este v. pode significar:
- PÔR
Cacciare le mani in tasca, "pôr as mãos no bolso".
- CRAVAR
Cacciare il pugnale nel cuore, "cravar o punhal no coração".
- EXPULSAR
Il padre ha cacciato il figlio di casa, "o pai expulsou o filho de casa".
- Na voz reflex.: METER-SE, ESCONDER-SE.
Dove si è cacciato il cane?, "onde se meteu o cão?".

CACO (s.m.)
É o nome popular do "caqui". Existe também a palavra *cachi* (s.m.inv.).
"Caco", em it., é: *coccio | testa | persona vecchia e inferma* e "cacos" é: *cocci | roba vecchia, cianfrusaglia*.

CAGLIARE (v.int.)
Não é "calhar" (em it., *adattarsi, venire a proposito*) e sim:
COAGULAR, COALHAR.
Il sangue è cagliato, "o sangue coagulou".

C

CAGNA (s.f.)
É: CADELA, CACHORRA.
La mia cagna è sparita, "minha cadela sumiu".
"Canha", em it., é: *mano sinistra | acquavite di canna da zucchero*.

CAGNOTTO (s.m.)
É: CAPANGA, VALENTÃO e não "canhoto" (em it., *mancino* quando adj. e *madre* se indicar o canhoto do talão).
Arriva sempre attorniato da cagnotti, "ele chega sempre rodeado por capangas".
Obs.: termo também usado na "pesca" com o significado de "larva de certo tipo de mosca, usada como isca para quase todos os peixes de água doce".

CAÌ (interj.)
Nada tem a ver com o v. "cair" (em it., *cadere*). Trata-se apenas do "ganido do cachorro" (voz onomatopéica).

CALARE (v.t.)
Em port. este v. deve ser traduzido apenas por: ABAIXAR | DIMINUIR. Não tem o significado de "calar" (em it., *stare zitto*).
Calare le reti in mare, "abaixar as redes no mar".
Devo calare i punti della manica, "devo diminuir os pontos da manga".

CALCIO (s.m.)
Além do elemento químico tem as seguintes significações:
- FUTEBOL
Andiamo a giocare a calcio, "vamos jogar futebol".
- CORONHA
Il calcio della rivoltella, "a coronha do revólver".
- PONTAPÉ
Dare un calcio alla palla, "dar um pontapé na bola".
Obs.: *calciobalilla* é: "futebol totó ou totobol".

CALDA (adj.f.sing.)
Significa QUENTE e não "calda" (em it., *sciroppo*).
Ho fatto una doccia calda, "tomei uma chuveirada quente".
Notar a expressão:
darne una calda e una fredda, "dar uma notícia boa e em seguida uma má".

CALDO (s.m.)
Não é "caldo" (em it., *brodo*) mas: CALOR.
Oggi fa molto caldo, "hoje faz muito calor".
A expressão: *non mi fa né caldo né freddo* significa: "deixa-me indiferente".

CALO (s.m.)
É: DIMINUIÇÃO, BAIXA e não "calo" (em it., *callo*).
Il calo delle calorie, "a baixa das calorias".

CALZA (s.f.)
Traduz-se por: MEIA, pois "calça", em it., é: *pantaloni* (s.m.pl.).
Calze di lana, "meias de lã".
Fare la calza, no entanto, é: "tricotar".
La nonna sta facendo la calza, "a vovó está tricotando".

CALZONE (s.m.)
Geralmente usado no pl. (*i calzoni*), significa CALÇAS e não "calção" (em it., *calzoni corti, calzoncini*). No sing. é um tipo de PIZZA DOBRADA.
Ho comprato dei calzoni di lana, "comprei umas calças de lã".

CAMINO (s.m.)
Pode ser tanto LAREIRA como CHAMINÉ (esta, inclusive, no sentido dado pelos montanhistas: "sulco vertical dentro das paredes rochosas, nas montanhas"), mas nunca "caminho", em it., *cammino*.
Il camino è spento, "a lareira está apagada".

CAMPARE (v.int. e t.)
Deve traduzir-se por:
- VIVER

Campare di rendita, "viver de renda".
- EVITAR, FUGIR

Campare il pericolo, "evitar o perigo".
"Campar", em it., é: *accampare* | *vincere* | *vantarsi*.

CAMPIONE (s.m.)
Traduz-se por CAMPEÃO e também por MODELO, AMOSTRA.
Lui è un campione di tennis, "ele é um campeão de tênis".
Un campione di tessuto, "uma amostra de tecido".

CANCELLERIA (s.f.)
É: CHANCELARIA, SECRETARIA mas denota também: DE ESCRITÓRIO.
Articoli di cancelleria, "artigos de escritório".

CANDELA (s.f.)
Além de CANDELA (unidade fotométrica), é o termo usual para VELA (de alumiar ou de motor a explosão).
Accendere una candela a un santo, "acender uma vela a um santo".
Ho cambiato le candele dell'auto, "troquei as velas do carro".

C

■ CANNA (s.f.)
Tem o sentido de CANA-DE-AÇÚCAR em *canna da zucchero*. Possui, porém, outros significados: VARA, BASTÃO | CANO, TUBO.
Ho dimenticato la canna da pesca, "esqueci a vara de pescar".
Quel fucile ha la canna corta, "aquele fuzil tem o cano curto".
Si sono rotte le canne idrauliche, "os canos de água arrebentaram".
No pl. *le canne dell'organo*, "os tubos do órgão".
Há as expressões:
Povero in canna, "paupérrimo".
Tremare come una canna, "tremer como uma vara verde".
Misurare gli altri con la propria canna, "medir os outros com a própria medida".

■ CANNELLA (s.f.)
Além de CANELA (especiaria), pode significar: TORNEIRA, BICA DE FONTE | CANUDO, TUBO.
Mettere lo zucchero con la cannella sulle mele, "colocar o açúcar com a canela sobre as maçãs".
Chiudere la cannella dell'acqua fredda, "fechar a torneira da água fria".

■ CANTIERE (s.m.)
Tem duas traduções possíveis: CANTEIRO (de trabalho) e ESTALEIRO.
Un cantiere di lavoro, "um canteiro de trabalho".
La nave è in cantiere, "o navio está no estaleiro".

■ CANTINO (s.m.)
Não é "cantinho" (em it., *angolino, cantuccio*) e sim: PRIMA (primeira e mais delicada corda de alguns instrumentos).
No sentido fig. há a expressão:
Rompere il cantino alla chitarra, "interromper a conversa de repente".

■ CAPITARE (v.int.)
Não é "captar" (em it., *captare*) mas : CHEGAR | ACONTECER.
Capita sempre all'improvviso, "chega sempre de improviso".
Capitano cose strane in questa casa, "acontecem coisas estranhas nesta casa".

■ CAPOTE (s.f.inv.)
Trata-se de palavra proveniente do francês. Designa: CAPOTA.
La macchina è rossa con la capote nera, "o carro é vermelho com a capota preta".
"Capote", em it., é: *cappotto, pastrano*.

CARAFFA (s.f.)

Não é "garrafa" (em it., *bottiglia*) e sim JARRA.
Oggi useremo la caraffa di cristallo, "hoje usaremos a jarra de cristal".

CARROZZA (s.f.)

Além de CARRUAGEM, COCHE, traduz-se por: VAGÃO FERROVIÁRIO.
Questo treno ha carrozze di 1.ª , di 2.ª classe e una carrozza ristorante, "este trem tem vagões de 1.ª, de 2.ª classe e um vagão-restaurante".

CARTA (s.f.)

É: PAPEL | MAPA | CARTÃO e não "carta" (em it., *lettera*).
Un foglio di carta, "uma folha de papel".
Una carta da pareti, "um papel de parede".
Una carta d'imballo, "um papel de embrulho".
Una carta velina, "um papel de seda".
Una carta stradale, "um mapa rodoviário".
Mi ha dato la sua carta da visita e la sua carta di credito, "deu-me seu cartão de visita e seu cartão de crédito".
Mas traduz-se por CARTA quando é "de jogo".
Giocare a carte, "jogar cartas".
Há as expressões:
Avere, dare carta bianca, "ter, dar carta branca".
Cambiare le carte in tavola, "mudar ou torcer o sentido de palavras já ditas".
Carta d'argento, "passe ferroviário dado aos idosos para viajarem com desconto".
Carta verde, "documento que comprova que um veículo, que circula no exterior, tem seguro".

CARTONE (s.m.)

É: CARTÃO, PAPELÃO, porém *cartone animato* significa "desenho animado".

CASALE (s.m.)

Traduz-se por: POVOADO ou CASEBRE e não por "casal" (em it., *coppia*).
Abitano in questo casale?, "moram neste povoado?".

CASAMENTO (s.m.)

É: CASARÃO, EDIFÍCIO pois "casamento", em it., é: *matrimonio*.
Abitiamo nello stesso casamento, "moramos no mesmo edifício".

CASATO (s.m.)

Não deve ser traduzido por "casado" (em it., *sposato*) pois significa:
SOBRENOME, LINHAGEM.

C

Qual è il suo casato?, "qual é o seu sobrenome?".
È l'ultimo discendente di un nobile casato, "é o último descendente de uma linhagem nobre".

■ CASCARE (v.int.)
É: CAIR e não "cascar" (em it., *sbucciare*).
Cascare dalle nuvole, "cair das nuvens".
Há as expressões:
Qui casca l'asino!, "aqui está a parte difícil do problema".
La pera matura casca da sé, "é inútil procurar antecipar os acontecimentos".

■ CASCO (s.m.)
Não é "casco" (em it., *zoccolo | scafo | cranio*) mas:
■ CAPACETE
È proibito andare in moto senza il casco, "é proibido andar de moto sem o capacete".
■ SECADOR DE CABELO (de salão de cabeleireiro).
Asciugare i capelli sotto il casco, "secar os cabelos no secador".
Obs.: *un casco di banane* significa: "um cacho de bananas".

■ CASSETTATA (s.f.)
Nada tem a ver com "cacetada", em it., *bastonata, mazzata*.
Trata-se de: QUANTIDADE DE COISAS QUE PODE ESTAR CONTIDA EM UMA GAVETA.

■ CATTIVO (adj.)
Denotava antigamente: CAPTIVO, mas houve alteração semântica, pois todos os prisioneiros eram inimigos e, portanto, maus, e passou a significar:
MAU, RUIM.
Una persona cattiva, "uma pessoa má".
Notar as expressões:
Navigare in cattive acque, "estar em condições econômicas precárias".
Farsi il sangue cattivo, "zangar-se excessivamente por alguma coisa".
Essere nato sotto una cattiva stella, " ter um destino desfavorável, adverso".

■ CAUTELA (s.f.)
Corresponde a CAUTELA apenas nas acepções abstratas como: "cuidado, precaução", mas não naquelas concretas como "recibo, documento, certificado" (em it., *polizza*).
Dobbiamo guidare con cautela, "devemos dirigir com cautela".

■ CAVALLONE (s.m.)
Além de CAVALAO (cavalo grande), tem o sentido de VAGALHAO.
Un cavallone rovesciò la barca, "um vagalhão virou o barco".

C

■ CAVARE (v.t. e reflex.)
Além de CAVAR pode significar: EXTRAIR, TIRAR.
Cavare un dente, "extrair um dente".
Cavare acqua dal pozzo, "tirar água do poço".
Notar as expressões:
Cavare sangue da un sasso, "perder tempo, desejar algo impossível".
Non cavare un ragno da un buco, "não conseguir resultado algum".
Obs.: na voz reflex. quer dizer: SAIR-SE, SAFAR-SE, LIVRAR-SE.
Cavarsela bene, "sair-se bem".
Cavarsi uno dai piedi, "livrar-se de alguém".

■ CENA (s.f.)
É: JANTAR, CEIA e não "cena" (em it., *scena*).
La cena è pronta, "o jantar está pronto".

■ CERCA (s.f.)
Não é "cerca" (em it., *palizzata* como s.f. ou *vicino* como adv.) mas: PROCURA.
Andare in cerca di lavoro, "ir à procura de trabalho".
Andare alla cerca significa: "pedir esmola".

■ CERCARE (v.t. e int.)
É: PROCURAR e não "cercar" (em it., *recingere*).
Cercare un oggetto perduto, "procurar um objeto perdido".
Na forma int. significa: TENTAR.
Hanno cercato di ingannarci, "tentaram nos enganar".

■ COBRA (s.m.inv.)
Denota apenas uma espécie de ofídio: a "naja tripudians". O termo genérico para "cobra" em italiano é: *serpente, serpe*.

■ COCCO (s.m.)
Traduz-se geralmente por: COCO, mas pode também designar: OVO (no vocabulário infantil) ou: O PREFERIDO, o XODÓ (na ling. familiar).
Bere un'acqua di cocco, "beber uma água de coco".
Essere il cocco della mamma, "ser o xodó da mamãe".

■ COLA (s.f.)
Com o aberto (ó) é COLA (árvore) e com o fechado (ô) é COADOR, FILTRO.
"Cola" no sentido de "adesivo", em it., é: *colla*.

COLARE (v.t. e int.)

Traduz-se por: COAR e não "colar" (em it., *incollare*).
Colare la minestra, "coar a sopa".
Na forma int.: GOTEJAR.
Il sudore gli colava dalla fronte, "o suor gotejava na sua testa".
Há as expressões:
Colare a picco, "afundar".
I nemici hanno colato la nave a picco, "os inimigos afundaram o navio".
Prendere qualcosa per oro colato, "acreditar cegamente em algo".

COLEI (pron.f.sing.)

Este demonstrativo f.s. significa: AQUELA.
Colei è mia sorella, "aquela é minha irmã".
Não se trata, portanto, do pret. do verbo "colar", na 1.ª pess.sing. (em it., *incollai*).

COLINO (s.m.)

Traduz-se por: COADOR.
Ecco il colino per il tè, "eis o coador para o chá".
Não é, portanto, "colinho", em it., *collino*.

COLLARE (s.m.)

É: COLEIRA e não "colar" (em it., *collana*).
Mettere il collare al cane, "colocar a coleira no cachorro".

COLLO (s.m.)

Além de COLO, REGAÇO, tem vários outros significados:
- PESCOÇO

Un collo lungo, "um pescoço comprido".
- COLARINHO

Camicia col collo alto, "camisa de colarinho alto".
- FARDO, VOLUME

Spedire il collo per posta, "enviar o volume pelo correio".
Há as expressões:
La brutta notizia giunse fra capo e collo, "a má notícia chegou inesperadamente".
Rompersi l'osso del collo, "ter uma queda feia".
Nota: às vezes a contração da prep. CON com o art. def. LO origina a palavra *collo*, porém seu emprego é desaconselhável na ling. comum; é mais encontrada em poesia.
Esco collo scialle, "saio com o xale".

COLTELLO (s.m.)

Não deve ser traduzido por "cutelo" (em it., *roncola, mannaia*) mas por: FACA.
Tagliare la carne con il coltello, "cortar a carne com a faca".

C

COMODA (s.f.)
Não se trata de "cômoda" (em it., *comò, cassettone*) mas de: CADEIRA FURADA PARA EVACUAÇÃO DE ENFERMOS.

COMPETENZA (s.f.)
É: COMPETÊNCIA, mas no pl. passa a ter o significado de: HONORÁRIOS.
Le competenze del medico, dell'avvocato, "os honorários do médico, do advogado".

COMPITO (s.m.)
É: TAREFA, DEVER e não "cômpito"(em it., *crocicchio*).
Gli alunni fanno il compito in classe, "os alunos fazem o dever em classe".

COMPRESSA (s.f.)
Tem o significado, como em port., de COMPRESSA, mas quer dizer também COMPRIMIDO.
Mettere una compressa sulla ferita, "colocar uma compressa sobre a ferida".
Comprare una compressa per il mal di testa, "comprar um comprimido para dor de cabeça".

COMUNE (adj., s.m. e f.)
Pode ser traduzido por COMUM quando adj.
Un uomo comune, "um homem comum".
Como s. é: MUNICIPALIDADE ou ADMINISTRAÇÃO MUNICIPAL, pois, em it., denota: "a menor subdivisão administrativa do Estado". Na Idade Média indicava as cidades italianas que possuíam uma política autônoma.
Na forma f. significa: COMUNIDADE.
Loro vivono in una comune agricola, "eles moram em uma comunidade agrícola".

CONATO (s.m.)
Este s. não corresponde ao adj. "conato" (em it., *innato*). Deve ser traduzido por: ESFORÇO.
Il conato di vomito, "o esforço do vômito".

CONCIA (s.f.)
Não se trata de "concha"(em it., *conchiglia*) mas de: CURTIMENTO.
La concia delle pelli, "o curtimento das peles".

CONCRETO (adj.)
Em it. existe apenas como adj. e tem o mesmo significado do port.: CONCRETO (contrário de "abstrato"). Não possui a acepção de "material de construção" (s.m.), em it., *calcestruzzo, beton*.

C

CONFETTO (s.m.)
É apenas CONFEITO e nao "confete" (em it., *coriandolo*).
I confetti della sposa, "os confeitos da noiva".

CONGIUNTO (s.m., adj. e part.pass. de *congiungere*)
Como s.m. tem o significado de: PARENTE.
I suoi congiunti gli hanno fatto un regalo, "seus parentes lhe deram um presente".
"Conjunto" musical, em it., é: *complesso*, e de roupa: *insieme*.
Como adj. e part.pass. do v. *congiungere* significa: UNIDO, COMUM, CONJUNTO.
Le 3 reti televisive hanno diramato un comunicato congiunto, "os três canais de TV divulgaram um comunicado conjunto".

CONSERTARE (v.t.)
É: ENTRELAÇAR, CRUZAR e não "consertar" (em it., *accomodare, riparare*).
Aveva l'abitudine di consertare le braccia, "tinha o hábito de cruzar os braços".

CONSERTO (adj. e part.pass. de *consertare*)
Além de adj. é também o part.pass. do v. *consertare*. Nada tem em comum com a palavra "conserto"(em it., *riparazione*). Deve ser traduzido por: ENTRELAÇADO, CRUZADO.
Rimanere a braccia conserte, "ficar de braços cruzados".

CONTADO (s.m.)
Traduz-se por CONDADO (feudo de um conde) pois "contado", em it., é *contato | raccontato*.
Il conte francese è il proprietario di questo contado, "o conde francês é o proprietário deste condado".

CONTATO (part.pass. de *contare*)
Significa CONTADO e não "contato", em it., *contatto*.
Avere il denaro contato, "ter o dinheiro contado".

CONTO (s.m.)
É: CÁLCULO, CONTA.
Chiedere il conto al cameriere, "pedir a conta ao garçom".
"Conto", em it., é: *racconto*.
Pode significar também: REPUTAÇÃO.
Quel medico è un professionista di gran conto, "aquele médico é um profissional de grande reputação".
Faz parte das seguintes expressões:
Rendersi conto, "dar-se conta".
Fare i conti senza l'oste, "fazer planos sem levar em consideração eventuais dificuldades".
A ogni buon conto, "em todo caso, de qualquer modo".

CONTORNO (s.m.)
É CONTORNO e também ACOMPANHAMENTO (prato secundário que acompanha o principal).
Carne arrosto con contorno di patate, "carne assada com acompanhamento de batatas".
No pl. significa: ARREDORES.
Vivere nei contorni, "viver nos arredores".

CONVERSA (s.f.)
Pode ser CONVERSA mas apenas na acepção de: "mulher recolhida em convento sem professar" (há também a forma m. *converso*, com o mesmo sentido). Tem, outrossim, o significado de: COMPLÚVIO, ESPIGÃO (aresta saliente e inclinada de telhado).
"Conversa", em it., é: *conversazione*.

CONVITTO (s.m.)
Não é "convite" (em it., *invito*) e sim: INTERNATO.
Ha messo i figli in convitto, "colocou os filhos em um internato".

COPERTINA (s.f.)
Além de ser o diminutivo de *coperta* ("colcha, coberta") é: CAPA (de livro, revista, etc.).
Il titolo è sulla copertina, "o título está na capa".

COPERTO (s.m., adj. e part.pass. de *coprire*)
Como adj. e part.pass. traduz-se por: COBERTO.
Un posto coperto, "um lugar coberto".
Como s., porém, significa: TALHER (no sentido de: lugar na mesa).
Un pranzo di diciotto coperti, "um almoço para dezoito talheres".
Pode ser traduzido também por: COUVERT.
Nel conto è incluso il coperto, "o couvert está incluído na conta".

COPERTONE (s.m.)
É aumentativo de *coperta* ("coberta") mas significa também:
- TOLDO

Passare sotto il copertone, "passar debaixo do toldo".
- ENCERADO

Coprire la merce col copertone, "cobrir a mercadoria com o encerado".
- PNEUMÁTICO

Cambiare il copertone, "trocar o pneumático".

COPIONE (s.m.)
É aumentativo de *copia* ("cópia") e tem também o significado de:
MANUSCRITO DE PEÇA DE TEATRO.
Não corresponde, portanto, à palavra "copião" que quer dizer apenas: "os planos de um filme".

C

■ COPPIA (s.f.)
Não é "cópia" (em it., *copia*) mas: PAR, CASAL.
Formare una bella coppia, "formar um bonito casal".

■ COPPO (s.m.)
É: TALHA, POTE | TELHA e não "copo" (em it., *bicchiere*).
Ha riempito il coppo di olio d'oliva, "encheu a talha de azeite".
Si devono cambiare alcuni coppi del tetto, "devem ser trocadas algumas telhas do telhado".

■ COQUE (s.f.inv.)
Francesismo usado apenas na expressão: *uovo alla coque*, "ovo quente".
"Coque", em it., é: *cocchia*.

■ CORATA (s.f.)
Este termo deve ser traduzido por: FRESSURA (vísceras de animais), pois o adj. "corada", em it., é: *colorita, colorata*.

■ CORRENTE (s.f.)
Tem os mesmos significados de CORRENTE, exceto os de "cadeia de elos de metal", em it., *catena*.

■ CORRENTEZZA (s.f.)
Não é "correnteza" (em it., *corrente*) mas:
FLUÊNCIA, FACILIDADE.
Parla l'italiano con correntezza, "fala italiano com fluência".

■ CORRIDA (s.f.)
Indica apenas a TOURADA pois "corrida", em it., é: *corsa*.
Mi piace molto la corrida, "gosto muito da tourada".

■ CORSO (s.m.)
Além de CORSO (relativo à Córsega | desfile de carros | ataque esporádico a navio) pode também ter o significado de: CURSO (escolar | fluxo de águas) e de AVENIDA.
Il corso di inglese è già cominciato, "o curso de inglês já começou".
Il corso d'acqua è stato deviato, "o curso de água foi desviado".
La sera facciamo una passeggiata lungo il corso, "à noite damos um passeio na avenida".

■ CORTE (s.f.)
Tem o significado de CORTE, PÁTIO.
È un gentiluomo della corte, "é um gentil-homem da corte".
I bambini giocano nella corte, "as crianças brincam no pátio".

La Corte dei Conti, "o Tribunal de Contas".
Fare la corte, "cortejar".
Não tem o sentido de: "ato ou efeito de cortar", em it., *taglio*.

COVA (s.f.)

É: CHOCO e não "cova" (em it., *cavità, tomba*).
La cova degli uccelli, "o choco dos pássaros".

COVO (s.m.)

Não é "covo", s.m. (em it., *graticciato per la pesca nei fiumi*), nem "covo", adj. (em it., *cavo, fondo*) mas: COVIL, TOCA.
Il covo dei ladri, "o covil dos ladrões".
Il covo della belva, "a toca da fera".

CRIA (s.f.)

Termo da Toscana que denota: O ÚLTIMO NASCIDO E O MAIS FRACO DE UMA NINHADA OU DE UMA FAMÍLIA. Não tem, portanto, o significado, como em port., de "animal que ainda mama" (em it., *lattante*), nem de "criatura" (em it., *creatura*).

D

DA (prep.)
Esta prep. não é a contração de DI + A (em it., *della*). É usada simples ou com os art. def.: *il, l', lo, la, i, gli, le*, dando origem a: DAL, DALL', DALLO, DALLA, DAI, DAGLI, DALLE. Indica:
1) Agente – *Morso dal cane*, " mordido pelo cachorro".
2) Lugar – *Partire da Londra*, "partir de Londres". *Passeremo da Roma*, "passaremos por Roma". *Andrò da Maria*, "irei à casa de Maria". *Lunedì vado dal dentista*, "segunda-feira vou ao dentista".
3) Distância – *Siamo ancora lontani da casa*, "ainda estamos longe de casa".
4) Origem – *Copiare dal quaderno*, "copiar do caderno".
5) Tempo – *Studio francese da un mese*, "estudo francês há um mês".
6) Causa – *Morire dalla paura*, "morrer de medo".
7) Meio – *Ti ho riconosciuto dalla voce*, "reconheci-te pela voz".
8) Fim – *Macchina da scrivere*, " máquina de escrever".
9) Qualidade – *Donna dai capelli neri*, "mulher de cabelos pretos".
10) Preço – *Un vestito da poche lire*, "um vestido de poucas liras".
11) Conveniência, capacidade, necessidade, conseqüência – quando é seguida de um v. no inf.:
Un vestito da stirare, "um vestido para ser passado".
Buona da mangiare, "boa para comer".
Ho studiato tanto da passare all'esame, "estudei tanto que passei no exame".

DADO (s.m.)
Além de DADO, ou PEQUENO CUBO, significa também: PORCA (de parafuso).
Ha perduto il dado della vite, "perdeu a porca do parafuso".

D

DAMASCO (s.m.)
Equivale a DAMASCO apenas na acepção de "tecido de seda que se fabricava em Damasco", e não na de "fruto do damasqueiro" (em it., *albicocca*).

DEBOSCIATO (adj.)
Não é apenas DEBOCHADO mas também: DEVASSO, LIBERTINO, CORRUPTO.
Quel ragazzo è un debosciato, "aquele rapaz é um devasso".

DECOLLARE (v.t. e int.)
Traduz-se por: DEGOLAR, DECAPITAR.
Ha decollato la vittima, "degolou a vítima".
Quando int. tem a conotação de: DECOLAR.
L'aereo ha decollato con un ora di ritardo, "o avião decolou com uma hora de atraso".

DEFICIENTE (adj. e s.m. e f.)
Embora com o mesmo significado inicial de DEFICIENTE, tomou sentido pejorativo de IDIOTA, IMBECIL, sendo freqüentemente usado como insulto.
Questo studente è deficiente in matematica, "este estudante é deficiente em matemática".
Smettila di fare il deficiente!, "pare de bancar o cretino!".

DEPENNARE (v.t.)
Não é "depenar" (em it., *spennare*) mas: RISCAR, CANCELAR.
Bisogna depennare il suo nome dalla lista, "é preciso cancelar seu nome da lista".

DERUBARE (v.t.)
É: ROUBAR, e não "derrubar" (em it., *abbattere, gettare a terra*).
È stato derubato in treno, "ele foi roubado no trem".

DESTA (adj.f.)
Significa: ACORDADA, DESPERTA, pois "desta", em it., é: *di questa*.
La bambina è desta da ieri, "a menina está acordada desde ontem".

DETTAGLIO (s.m.)
Traduz-se por: DETALHE, exceto na expressão:
Vendere al dettaglio, "vender a varejo".

DEVOLVERE (v.t.)
Possui apenas o sentido de: TRANSFERIR (um direito ou propriedade a outrem) e não o de "restituir" (em it., *restituire*).
L'incasso dello spettacolo sarà devoluto a favore della Croce Rossa, "a renda do espetáculo será transferida em favor da Cruz Vermelha".

DIMORA (s.f.)
Tem ora o sentido de: DEMORA.
Venga senza dimora, "venha sem demora".
Ora o de: MORADA, CASA.
Non avere dimora fissa, "não ter morada fixa".
L'estrema dimora significa: "sepultura, cemitério".
Em agronomia a expressão *mettere a dimora una pianta* tem o sentido de: "colocar uma planta no lugar definitivo".

DIMORARE (v.int.)
Significa: RESIDIR, MORAR.
Ho dimorato due anni in questa città, "morei dois anos nesta cidade".
"Demorar" em it., é: *tardare*.

DISDETTA (s.f.)
É traduzível por:
- DESDITA, AZAR
Che disdetta!, "que azar!"
- REVOGAÇÃO, DISSOLUÇÃO (de contrato)
Dare la disdetta, "revogar um contrato".

DISPARARE (v.t.)
Não significa "disparar" (em it., *sparare*) mas:
- DIVIDIR, SEPARAR
- DESAPRENDER

DISPARATO (adj.)
Não é nem "disparado" (em it., *audace | molto veloce*), nem "disparate" (em it., *sproposito*) e sim: DIVERSO, DESIGUAL.
Le cose più disparate, "as coisas mais diversas".

DISPENSA (s.f.)
Pode significar:
- DISPENSA (no sentido de "isenção")
Ha ottenuto la dispensa dal servizio militare, "obteve a dispensa do serviço militar".
- DESPENSA
Le provviste sono nella dispensa, "os mantimentos estão na despensa".
- FASCÍCULO
Enciclopedia a dispense, "enciclopédia em fascículos".
- APOSTILA
Ho comprato la dispensa del corso, "comprei a apostila do curso".
- DISTRIBUIÇÃO
Fare una dispensa d'acqua, "fazer uma distribuição de água".

D

- Quando tem origem no part.pass. do v. *dispendere* (gastar dinheiro) passa a significar: DESPESA.

DIS<u>TIN</u>TA (s.f. e adj.)
Quando s. esta palavra significa: RELAÇÃO, LISTA.
Desideriamo la distinta dei prezzi, "desejamos a lista dos preços".
Quando adj., tem o mesmo significado do port.

DIS<u>TRAT</u>TO (adj.)
Não deve ser traduzido por "distrato" (em it., *rescisso*) e sim por: DISTRAÍDO, ESQUECIDO.
Un bambino distratto, "um menino distraído".

<u>DI</u>TO (s.m.)
Não corresponde ao s. "dito" (em it., *detto, motto*), nem ao adj. ou ao part.pass. de "dizer" (em it., *detto*).
Significa: DEDO.
Il dito mignolo, "o dedo mindinho".
Obs.: tem um pl. irregular: *le dita*.
Le dita della mano sono cinque, "os dedos da mão são cinco".

<u>DON</u>NA (s.f.)
Esta palavra pode ser traduzida por:
- MULHER

Fernanda è una bella donna, "Fernanda é uma bela mulher".
- DAMA, RAINHA (cartas do baralho)

Manca la donna di quadri, "falta a dama de ouros".
- DONA (título nobiliar)

Donna Elena arriverà domani, "Dona Helena chegará amanhã".
Donna di servizio: "empregada".
Prima donna: "protagonista feminina de um espetáculo".
Está praticamente em desuso o sentido de "proprietária" (em it., *proprietaria*).

<u>DO</u>NO (s.m.)
Não significa "dono" (em it., *padrone, proprietario*), e sim:
PRESENTE, DONATIVO | DOM.
Un dono di Natale, "um presente de Natal".
È un dono della natura, "é um dom da natureza".

DRO<u>GHE</u>RIA (s.f.)
É: ARMAZÉM, VENDA e não "drogaria" (em it., *farmacia*).
Vado a comprare lo zucchero in drogheria, "vou comprar açúcar na venda".

E

- **EDITO** (adj.)
  Não corresponde ao s. "edito" (em it., *editto, ordine, decreto*), nem a "édito" (em it., *annuncio*). Traduz-se por:
  EDITADO, PUBLICADO.
  Un libro edito dal Vaticano, "um livro publicado pelo Vaticano".

- **ENFIARE** (v.t. e int.)
  É: INCHAR, ENGROSSAR, INFLAR, pois "enfiar", em it., é: *infilare*.

- **ESPERTO** (adj.)
  Deve ser traduzido por: EXPERTO, PERITO e não por "esperto" (em it., *furbo*).
  Un esperto in problemi economici, "um perito em problemas econômicos".

- **ESPIARE** (v.t.)
  É: EXPIAR e não "espiar" (em it., *spiare* | *ormeggiare*-Mar.)
  Espiare un errore, "expiar um erro".

- **ESPLICARE** (v.t.)
  Traduz-se por: EXERCER, DESENVOLVER.
  Il giudice esplica un'attività di grande responsabilità, "o juiz exerce uma atividade de grande responsabilidade".
  Significa EXPLICAR apenas no sentido lit.
  Esplicare un concetto, "explicar um conceito".
  "Explicar", no sentido de "tornar claro", em it., é: *spiegare*.

E

■ ESSERE (v.int. e s.m.)

Ora corresponde a SER, ora a ESTAR:
Chi è quella donna?, "quem é aquela mulher?".
Siamo in ritardo, "estamos atrasados".
Porém corresponde a HAVER quando precedido por *ci* (ou *vi*).
C'è una mosca nella minestra, "há uma mosca na sopa".
Ci (ou *vi*) *sono molti quadri qui*, "há muitos quadros aqui".
Outras vezes traduz-se por: FICAR.
La mia casa è in fondo a questa via, "minha casa fica no fim desta rua".
É usado como aux. nos tempos compostos.
1) dos v.int. (não de todos, porém)
Voi siete arrivati tardi, "vocês chegaram tarde".
2) do próprio v. *essere*
Io sono stato malato, "eu estive doente".
3) dos v.reflex. e pron.
Loro si sono salutati freddamente, "eles se cumprimentaram friamente".
4) dos v. impessoais
È nevicato ieri, "nevou ontem".
Cos'è successo?, "o que aconteceu?"
5) na formação da voz passiva dos verbos transitivos
Il bambino è stato morso dal cane, "o menino foi mordido pelo cachorro".
Quando tem a função de s.m. significa:
SER, EXISTÊNCIA, ESSÊNCIA.
Dio è l'Essere supremo, "Deus é o Ser Supremo".
Dobbiamo il nostro essere a Dio, "devemos nossa existência a Deus".

■ ESTRANIARE (v.t. e reflex.)

Este v. não possui o sentido do port. de: "achar estranho" (em it., *trovare strano*) e sim o de: TORNAR ESTRANHO | AFASTAR.
Lui ha deciso di estraniarla dalla sua vita, "ele decidiu afastá-la da sua vida".
Na voz reflex.: ISOLAR-SE, ABSTRAIR-SE.
Quando studio riesco ad estraniarmi facilmente, "quando estudo consigo abstrair-me com facilidade".
Estraniarsi dalla realtà significa: "fugir à realidade".

F

FA (s.m.inv., v.t. e adv.)
Além de denotar a nota musical FA, a 3.ª pess.sing. do pres. do ind. e a 2.ª pess.sing. do imp. do v. *fare*, este termo é usado, como adv., em expressões de tempo para indicar uma ação feita e terminada no passado.
È partito tre anni fa, "partiu há três anos".

FABBRICATO (s.m., adj. e part.pass. de *fabbricare*)
Como s. tem o significado de: EDIFÍCIO, CONSTRUÇÃO EM ALVENARIA.
C'è un fabbricato nella piazza vicino a casa mia, "há um edifício na praça perto da minha casa".
Como adj. e part.pass. de *fabbricare*, é igual ao port. "fabricado".

FACE (s.f.)
Termo lit. que não deve ser traduzido por "face" (em it., *faccia*) mas por:
ARCHOTE, FACHO, TOCHA.

FAGOTTO (s.m.)
Traduz-se por FAGOTE quando se trata de instrumento musical, porém, de modo geral, é:
EMBRULHO, PACOTE.
Luigi suona il fagotto nell'orchestra del teatro Scala, "ele toca fagote na orquestra do teatro Scala".
È arrivata piena di fagotti, "chegou cheia de embrulhos".
Há a expressão *far fagotto* que significa: "ir embora às pressas | morrer".

F

▪ FAINA (s.f.)
Deve traduzir-se por FUINHA e não por "faina" (em it., *lavoro, servizio*).
La faina ha mangiato una gallina, "a fuinha comeu uma galinha".

▪ FALLA (s.f.)
É: FALHA, FENDA e não "fala" (em it., *parlare, discorso*).
Esce molta acqua dalla falla, "sai muita água da fenda".

▪ FALLARE (v.int.)
Trata-se de termo lit. Não significa "falar" (em it., *parlare, dire*), mas: ERRAR, FALHAR.
Non possiamo avere fallato tanto, "não podemos ter errado tanto".
Notar as expressões:
Chi fa, falla, "quem faz, erra".
Chi spesso parla, spesso falla, "quem muito fala, muito erra".
Il proverbio non falla, "o provérbio não mente".

▪ FALLO (s.m.)
Pode denotar o FALO ou, mais comumente: ERRO, FALTA.
Notar as expressões:
Senza fallo, "sem dúvida, sem falta".
Mettere un piede in fallo, "pôr um pé em falso".
No tênis: *doppio fallo*, "dupla falta".
É também o imp. do verbo *fare* na 2ª pess.sing. + o pronome *lo*.
Vuoi fare il pesce fritto? E allora fallo!, "você quer fazer o peixe frito? Então, faça-o!"

▪ FARAONA (s.f.)
Nada tem a ver com a "mulher do faraó". É: GALINHA-D'ANGOLA.
Ci è piaciuta molto la faraona arrosto, "gostamos muito de galinha-d'angola assada".

▪ FARFALLA (s.f.)
Traduz-se por BORBOLETA. Nada tem a ver com: "farfalhas" (em it., *segatura | limatura | sciocchezzuole*).
Una farfalla azzurra sta volando, "uma borboleta azul está voando".

▪ FARO (s.m.)
Traduz-se por FARO na acepção: "terra ou lugar onde há farol", ou, mais comumente, por: FAROL.
I fari della macchina sono spenti, "os faróis do carro estão apagados".
"Faro" (olfato dos animais), em it., é: *fiuto*.

F

■ FASCIO (s.m.)
Deve ser traduzido por FEIXE e não por "facho" (em it., *fiaccola*).
Il fascio era l'emblema del fascismo, "o feixe era o emblema do fascismo".

■ FATO (s.m.)
Não é "fato", no sentido de "acontecimento, feito" (em it., *fatto*), nem "fato", roupa (em it., *vestito*) e sim: FATALIDADE, DESTINO.
Il fato ha voluto così, "o destino assim quis".

■ FAVELLA (s.f.)
É: FALA, LÍNGUA, LINGUAGEM e não "favela" (em. it., *insieme di capanne miserabili*).
Perdere la favella, "perder a fala".

■ FEDE (s.f.)
Não se trata do v. "feder" (em it., *puzzare*). Tem várias traduções possíveis:
■ FÉ
Avere fede in Dio, "ter fé em Deus".
■ FIDELIDADE
La fede coniugale, "a fidelidade conjugal".
■ ALIANÇA (anel nupcial)
Il fidanzato ha dimenticato le fedi, "o noivo esqueceu as alianças".
■ CERTIDÃO
La fede di nascita, "a certidão de nascimento".

■ FERIA (s.f.)
É: FEIRA, pois no calendário litúrgico romano indica os dias da semana não-festivos.
Seconda feria, "segunda-feira".
No pl. denota: FÉRIAS.
Voglio prendere un mese di ferie, "quero tirar um mês de férias".

■ FERIALE (adj.)
É: ÚTIL (dia de trabalho).
Questa settimana ha soltanto 4 giorni feriali, "esta semana só tem quatro dias úteis".
"Feriado", em it., é: *festivo*.

■ FERMATA (s.f.)
Tem apenas o sentido de: PARADA, pois "fermata" (termo musical), em it., é: *pausa, corona*.
Devo camminare fino alla fermata dell'autobus, "devo caminhar até a parada do ônibus".

F

■ FIASCO (s.m.)
Além de FIASCO (fracasso) tem o significado de FRASCO.
Il nuovo film è stato un fiasco, "o novo filme foi um fiasco".
Ho comprato un fiasco di vino Chianti, "comprei um frasco de vinho Chianti".

■ FICCARE (v.t. e reflex.)
É: CRAVAR, FIXAR, METER.
Ficcare un chiodo nel muro, "cravar um prego na parede".
Na voz reflex. significa: ESCONDER-SE, METER-SE.
Il cane si è ficcato sotto il letto, "o cachorro meteu-se debaixo da cama".
Notem as expressões:
Ficcarsi una cosa in testa, "teimar".
Ficcare il naso, "intrometer-se".
"Ficar", em it., é: *rimanere, fermarsi*.

■ FIELE (s.m.)
Esta palavra é usada somente no sing. Significa: FEL.
Amaro come il fiele, "amargo como o fel".
"Fiel", em it., é: *fedele*.

■ FIERA (s.f. e adj.)
Quando s. pode significar: FEIRA ou FERA, mas não "fieira" (em it., *filiera*).
Domani comincia la fiera di Santa Lucia, "amanhã começa a feira de Santa Lucia".
Fu devorato da una fiera, "foi devorado por uma fera".
Obs.: no sentido fig. significa: "pessoa cruel e selvagem".
Em poesia: "mulher soberba, desdenhosa, que não compartilha os sentimentos do namorado".
Quando adj.f. traduz-se por: ORGULHOSA | CORAJOSA.
Sono fiera di mio figlio!, "estou orgulhosa do meu filho!".
È stata una fiera avversaria, "foi uma adversária corajosa".

■ FILARE (v.t., int. e s.m.)
Não é "filar" (em it. *prendere, afferrare*) e sim:
TORCER, FIXAR | PINGAR | FIAR.
Filare la lana, "fiar a lã".
Na forma int. tem o sentido de:
IR RAPIDAMENTE, CORRER.
La macchina fila a 120 km all'ora, "o carro corre a 120 km por hora".
No sentido familiar pode ser traduzido por:
■ ANDAR DIREITO, COMPORTAR-SE.
Quel professore fa filare gli alunni, "aquele professor faz com que os alunos se comportem".

■ NAMORAR
Mario fila con mia cugina, "Mario namora minha prima".
A expressão: *Fila via!* significa: "Vá embora!".
A forma s. *filare* (s.m.) é: FILEIRA, ENFIADA.
Il filare di alberi, "a fileira de árvores".

■ FINCA (s.f.)

Termo usado na ling. burocrática. Indica:
LISTA, COLUNA DE UMA PÁGINA DE REGISTRO OU DE UMA TABELA.
"Finca", em it., é: *puntello, appoggio*.

■ FINO (prep. e adj.)

Muitas vezes esta prep. é encontrada na forma truncada *fin* e tem a significação de: ATÉ.
Vieni fin qui, "vem até aqui".
Quando seguida da prep. *da* quer dizer: DESDE.
Paola abita a Napoli fino dal 1989, "Paola mora em Nápoles desde 1989".
Seguida da prep. *a*, porém, indica aproximação e corresponde também a:
ATÉ.
Vado fino a Napoli, "vou até Nápoles".
Mas *fino* (adj.) é: FINO, DELICADO.
Vorrei un chilo di sale fino, "queria um quilo de sal fino".
"Fino", em it., é: *fine, delicato*.

■ FIO (s.m.inv.)

Não é "fio" (em it., *filo*). Significa: PENA, PUNIÇÃO, CASTIGO. É usado apenas na loc.:
pagare il fio, "sofrer a justa punição".

■ FIRMA (s.f.)

Corresponde a FIRMA apenas na acepção de "assinatura" e não na de "estabelecimento comercial" (em it., *ditta*).
Lei ha cambiato la sua firma, "o senhor mudou a sua firma (assinatura)".

■ FITTA (s.f.)

É traduzido por: PONTADA.
Una fitta al cuore, "uma pontada no coração".
Pode indicar também: MULTIDÃO.
C'è la fitta al cinema, "tem uma multidão no cinema".
"Fita", em it., é: *nastro | film*.

F

■ FOGLIA (s.f.)
É: FOLHA no sentido de "órgão da planta" ou de "lâmina, chapa", mas não no de "folha de papel", em it., *foglio*.
Una foglia di rosa, "uma folha de rosa".
Una foglia d'argento, "uma folha (lâmina) de prata".

■ FOLLIA (s.f.)
Não é "folia" (em it., *baldoria, divertimento*) e sim: LOUCURA.
Poveretto, è sull'orlo della follia!, "Coitado, está à beira da loucura!".

■ FORIERO (adj.)
É: PRENUNCIADOR, PRECURSOR e não "foreiro" (em it., *tributario*).
Il suo sorriso è foriero di buone notizie, "o seu sorriso é prenunciador de boas notícias".

■ FORMATURA (s.f.)
É: MOLDAGEM, PREPARAÇÃO DE FORMAS (termo usado na metalurgia e na preparação de cerâmica).
"Formatura" (de um curso), em it., é: *laurea*.

■ FORMICHIERE (s.m.)
Traduz-se por TAMANDUÁ, pois "formigueiro", em it., é: *formicaio*.
Il formichiere è un mammifero che si nutre di formiche, introducendo la sua lunga lingua nei formicai, "o tamanduá é um mamífero que se alimenta de formigas, introduzindo sua longa língua nos formigueiros".

■ FORO (s.m.)
É: FORO quando tiver o o aberto (fòro) e FURO, BURACO, ORIFÍCIO quando tiver o o fechado (foro).
Le gare di atletica si svolgeranno al Foro Italico, a Roma, "as competições de atletismo serão realizadas no Foro Itálico, em Roma".
Ho passato il cavo della televisione attraverso un foro fatto nella parete, "passei o cabo da televisão pelo furo feito na parede".

■ FORRA (s.f.)
Termo usado em geologia; significa: BARRANCO, PRECIPÍCIO.
La macchina è caduta nella forra, "o carro caiu no precipício".
"Forra", em it., é: *rivincita* | *imbottitura*.

■ FRACCO (s.m.)
Não é "fraco" (adj.), em it., *fiacco*. Significa: UMA GRANDE QUANTIDADE.
Usa-se quase exclusivamente na loc.: *un fracco di legnate*, "uma surra".

FRIZZO (s.m.)
Não se trata de "friso" (em it., *fregio*) mas de: PIADA, CHISTE.
Ha detto un frizzo, "disse uma piada".

FROTTA (s.f.)
Indica: TROPEL, MULTIDÃO e não "frota" (em it., *flotta*).

FROTTOLA (s.f.)
Termo que, além do significado musical de FRÓTOLA, é muito empregado no sentido de: MENTIRA, LOROTA.
Ma non raccontate frottole!, "não contem lorotas!"

FUMO (s.m.)
Só deve ser traduzido por FUMO, FUMAÇA e não por "tabaco" (em it., *tabacco*).
Questa legna fa solo fumo, "esta lenha só faz fumaça".
Quando è nervoso solo il fumo lo calma, "quando está nervoso, somente o fumo o acalma".
Notar as expressões:
Gettare fumo negli occhi di qualcuno, "enganar alguém".
Molto fumo e poco arrosto, "muitas vozes e poucas nozes".
Vendere fumo, "enganar alguém com promessas vãs".

FUNGO (s.m.)
Além de FUNGO, significa COGUMELO.
Ha i funghi ai piedi, "tem fungos nos pés".
I funghi nascono nei boschi, "os cogumelos nascem nos bosques".

FURARE (v.t.)
É: FURTAR, ROUBAR e não "furar" (em. it., *forare*).
Obs.: *furare le mosse*, significa "antecipar os movimentos do inimigo".

FURIA (s.f.)
É: FÚRIA e também PRESSA.
La furia del ciclone scoperchiò le case, "a fúria do furacão destelhou as casas".
Aver furia di uscire, "ter pressa de sair".
A expressão: *a furia di* traduz-se por: DE TANTO.
A furia di insistere, "de tanto insistir".

F

FURO (s.m.)

É: GATUNO e não "furo" (em it., *buco, foro*).
Il furo agisce di notte, "o gatuno age à noite".

FUSO (s.m., adj. e part.pass. de *fondere*)

Tem o sentido de FUSO, com as diversas acepções do port.
Le nostre nonne filavano la lana col fuso, "as nossas avós fiavam a lã com o fuso".
Il cambiamento di fuso orario crea problemi all'organismo, "a mudança de fuso horário traz problemas ao organismo".
Possui também um pl.f. (*le fusa*) que, quando precedido do verbo *fare*, indica: RONRONAR (do gato).
Il gatto fa le fusa quando è felice, "o gato ronrona quando está feliz".
Como adj. ou como part.pass. do v. *fondere* ("fundir") deve ser traduzido por: FUNDIDO.
Il ferro fuso, "o ferro fundido".

G

GABBARE (v.t. e pron.)
Traduz-se por: ENGANAR, LOGRAR e, na forma pron. (*gabbarsi*), por: ZOMBAR.
Ci ha gabbati elegantemente, "enganou-nos elegantemente".
Si gabbava di tutti, "zombava de todos".
"Gabar", em it., é: *elogiare, lusingare, vantarsi*.

GABBO (s.m.)
Não deve ser traduzido por "gabo" (em. it., *elogio*) mas por: ZOMBARIA.
Notar as expressões:
Farsi gabbo, "rir-se".
Prendere a gabbo, "não levar a sério".

GABINETTO (s.m.)
Cuidado! Além de CONSULTÓRIO, GABINETE | ESCRITÓRIO, pode significar também: BANHEIRO, LATRINA, W.C.
Il gabinetto dentistico è chiuso oggi, "o consultório do dentista está fechado hoje".
Il gabinetto della stazione è sporco, "o banheiro da estação está sujo".

GAGÀ (s.m.inv.)
Este s. denota: "uma pessoa vestida com apuro exagerado". Traduz-se portanto por: JANOTA.
Francesco è un gagà, "Francesco é um janota".
Nada tem a ver com "gagá" (em it., *decrepito, rimbambito*).

G

■ **GAGNO** (s.m.)
Traduz-se por: COVIL, pois "ganho", em it., é: *guadagno*.

■ **GALA** (s.f.)
Termo que pode ser traduzido por: GALA, POMPA, LUXO.
Una cena di gala, "um jantar de gala".
Ou por: BABADO.
Una camicetta con molte gale, "uma blusa com muitos babados".
A "gala" (do ovo), em it., é: *gallatura*.

■ **GALERA** (s.f.)
Significa: CÁRCERE, CADEIA.
Andare in galera, "ir para a cadeia".
"Galera", em it., é: *galea*.

■ **GALLA** (s.f.)
Nada tem em comum com "gala" (em it., *gallatura* | *gala*). Trata-se de:
À TONA D'ÁGUA | BOLOTA, NOZ.
La galla della quercia, "a bolota do carvalho".
Há as expressões:
Venire a galla, "vir à tona".
Stare a galla, "boiar".
No sentido fig.:
Rimanere a galla, "salvar-se em situações difíceis".
Tenersi a galla, "ganhar o suficiente para viver".
Tornare a galla, "reaparecer".

■ **GAMBA** (s.f.)
É, como em port., a abreviação de "viola de gamba" (instrumento musical), em it., *viola da gamba*.
Possui também o sentido de: PERNA.
Donna dalle gambe lunghe, "mulher de pernas compridas".
Notar as expressões:
Mettere le gambe in capo, correre a gambe levate, darsela a gambe, "fugir depressa".
Le gambe fanno Giacomo, "tremer, estar fraco".
Non avere più gambe, "estar cansado".
A quattro gambe, "de gatinhas".
Essere male in gamba, "estar mal, fraco".
Essere in gamba, "estar em forma".
Stare in gamba, "estar atento".
Prendere qualcosa sotto gamba, "não levar algo a sério".

G

A gambe all'aria, "de pernas para o ar".
Avere buona gamba, "ser um bom andarilho".
Mettere i bastoni fra le gambe, "impedir a realização de algo".
Raddrizzare le gambe ai cani, "pretender coisas impossíveis".

GANZO (s.m.)
Não é "ganso" (em it., *anatra*). Trata-se de termo popular para: AMANTE.
Obs.: existe também a forma f. *ganza*.
È uscita con il nuovo ganzo, "ela saiu com o novo amante".

GAVETTA (s.f.)
Não se trata de "gaveta" (em it., *cassetto*) mas de: GAMELA | MEADA.
Notem a expressão:
Venire dalla gavetta, "vir do nada".

GAVETTONE (s.m.)
Não se trata de "gavetão", em it., *cassetta grande*.
Além de GAMELÃO pode ter o significado de
- SERVIÇO DE GUARDA DE DUAS HORAS FEITO NO MAR
- BRINCADEIRA ENTRE OS SOLDADOS DE JOGAR ÁGUA UNS NOS OUTROS.

GELATA (s.f. e adj.)
Como s. traduz-se por: GEADA.
La gelata ha rovinato tutta la coltivazione, "a geada estragou todo o cultivo".
Como adj. é: GELADA.

GELATIERA (s.f.)
É: MÁQUINA DE FAZER SORVETE e não "geladeira" (em it., *frigorifero, ghiacciaia*).
Ho comprato una gelatiera nuova, "comprei uma máquina de fazer sorvete nova".
Obs.: *gelatiere* (s.m.) significa: SORVETEIRO.

GELATO (s.m. e f., adj. e part.pass. de *gelare*)
Este s.m. deve ser traduzido por: SORVETE.
Prendere una gelato di frutta, "tomar um sorvete de fruta".
Como adj. e part.pass. tem o mesmo significado do port.: GELADO.
Avere i piedi gelati, "estar com os pés gelados".

GELOSIA (s.f.)
Tem a conotação do port.: GELOSIA (janela de rótula) mas é usado principalmente para indicar: CIÚME.
Morire dalla gelosia, "morrer de ciúme".

G

■ GEMMA (s.f.)
Significa PEDRA PRECIOSA, JÓIA | BROTO (de planta), porém nunca "gema de ovo", em it., *tuorlo, rosso d'uovo*.

■ GENERO (s.m.)
Significa: GENRO e não "gênero" (em it., *genere*).
Ha un genero e una nuora francesi, "tem um genro e uma nora franceses".

■ GETTO (s.m.)
Há várias traduções possíveis, conforme os casos:
ARREMESSO | BROTO | JATO | JORRO.
Quel ragazzo pratica il getto del peso, "aquele rapaz pratica o arremesso de peso".
Ho piantato un getto di geranio, "plantei um broto de gerânio".
A getto continuo, "a jato contínuo".
Il getto d'acqua di una fontana, "o jorro de água de um chafariz".
"Jeito", em it., é *modo*.

■ GIACCA (s.f.)
É: CASACO, PALETÓ e não "jaca" (em it., *frutto della jaqueira*).
Attaccare la giacca nell'armadio, "pendurar o casaco no armário".

■ GIOCARE (v.int. e t.)
É: JOGAR, porém não no sentido de "arremessar" (em it., *gettare*).
Andiamo a giocare a scacchi, "vamos jogar xadrez".
Na forma t.:
Ho giocato tutto su quel cavallo e ho perso, "joguei tudo naquele cavalo e perdi."

■ GIOGO (s.m.)
Não se trata de "jogo" (em it., *gioco*), mas de:
JUGO, CANGA e, no sentido fig.: AUTORIDADE, DOMÍNIO.
Mettere il giogo ai buoi, "colocar a canga nos bois".
Vivere sotto il giogo nemico, "viver sob o domínio inimigo".

■ GIOIA (s.f.)
Pode ser traduzido tanto por: JÓIA, PEDRA PRECIOSA, como por: ALEGRIA, FELICIDADE.
È sparito lo scrigno delle gioie, "sumiu o cofre das jóias".
Che gioia rivederti!, "que alegria rever-te!".

■ GIORNATA (s.f.)
Além de JORNADA, significa DIA (no sentido de: período de tempo compreendido entre o amanhecer e o anoitecer, considerado quanto às condições em que transcorre e aos acontecimentos nele verificados).

G

Una giornata lavorativa, "uma jornada de trabalho".
Oggi è la giornata della donna, "hoje é o Dia da Mulher".
Vivere alla giornata, "viver o dia-a-dia".
Lavora a giornata, "trabalha por dia".

GIUBBA (s.f.)
Além de JUBA pode significar: CASACO.
Vesti la giubba, "veste o casaco".
Notem-se as expressões:
Farsi tirar la giubba, "ser perseguido por credores".
Rivoltare la giubba, "virar casaca".
Tagliare la giubba addosso, "falar mal de alguém na sua ausência".

GIUNGERE (v.int. e t.)
Tem o significado de CHEGAR, VIR.
Bisogna giungere presto al battesimo, "é preciso chegar cedo ao batizado".
Quando seguido da prep. "a" e de um v. no infinitivo, significa: OUSAR.
Giungere a fare, a dire, "ousar fazer, ousar dizer".
Na forma t. tem os mesmos sentidos do port.: JUNGIR, UNIR, ATRELAR.
Giungere le mani in preghiera, "unir as mãos em oração".
Giungere i buoi, "atrelar os bois".

GIUNTA (s.f.)
É: JUNTA, mas pode também ser traduzido por: EMENDA.
Fare una giunta al vestito, "fazer uma emenda no vestido".
Indica, outrossim, o que um vendedor dá a mais no peso de uma mercadoria: O DE QUEBRA.
Un chilo di carne e la giunta, "um quilo de carne e o de quebra".
Per giunta significa: ALÉM DISSO.
Sono stanco e per giunta affamato, "estou cansado e além disso com fome".

GIUNTO (s.m., adj. e part.pass. de *giungere*)
Termo usado em mecânica, traduzível por: JUNTA.
Un giunto idraulico, "uma junta hidráulica".
Na forma adj., no entanto, e como part.pass. do v. *giungere* ("chegar") significa: CHEGADO | UNIDO.
È partito dopo esser giunto in ritardo, "partiu depois de ter chegado atrasado".
"Junto", em it., é: *vicino, insieme*.

GNOCCO (s.m.)
Além de NHOQUE pode significar: TOLO, PARVO | GALO (protuberância, inchação na testa ou na cabeça).

Mi piacciono gli gnocchi alla romana, "gosto de nhoque à romana".
Quell'uomo è uno gnocco, "aquele homem é um parvo".
Cadendo si è fatto uno gnocco in fronte, "caindo, fez um galo na testa".

GOLA (s.f.)
Nunca deve ser traduzido por "gola" (em it., *colletto*) mas por:
- GARGANTA

Aver mal di gola, "ter dor de garganta".
- DESFILADEIRO

La gola Alpina, "o desfiladeiro Alpino".
- GULA

Peccato di gola, "pecado de gula".
Há muitas expressões, tais como:
Restare a gola asciutta, "ficar a ver navios".
Mettersi tutto in gola, "gastar tudo em comida".
Mentire per la gola, "mentir desbragadamente".
Rimettersi le parole in gola, "retratar-se".
Aver l'acqua alla gola, "estar em apuros".
Prendere qualcuno per la gola, "aproveitar-se da fraqueza de alguém".
Avere il cuore in gola, "estar com muito medo".

GOLF (s.m.inv.)
É: GOLFE (jogo) e também SUÉTER ou PULÔVER de lã.
È andato a giocare a golf con gli amici, "foi jogar golfe com os amigos".
È molto bello il tuo nuovo golf!, "é muito bonita a tua nova suéter!"

GOLFINO (s.m.)
É diminutivo di *golf* (no sentido de "suéter"), nada tendo a ver, portanto, com "golfinho", em it., *delfino*.

GOTA (s.f.)
É: BOCHECHA e não "gota". Em it., *goccia* (de líquido) e *gotta* (doença).
Avere le gote rosse, "ter as bochechas vermelhas".

GOZZO (s.m.)
Traduz-se por:
- PAPO, BÓCIO

Quella signora ha il gozzo, "aquela senhora tem bócio".
- BUCHO

Avere il gozzo pieno, "ter o bucho cheio".
"Gozo", em it., é: *diletto, piacere*.

Há as expressões:
Tenere tutto sul gozzo, "não conseguir desabafar ou esquecer uma ofensa".
Quel tale (o quella cosa) mi sta proprio sul gozzo, "aquele fulano (ou aquela coisa) me está atravessado (no sentido de não suportar alguém ou algo)".

GRADINATA (s.f.)
Não é "gradinada" (em it., *lavoro o ritocco fatto con la gradina*), mas: ESCADARIA.
La gradinata del palazzo, "a escadaria do palácio".
Obs.: Nos teatros e nos estádios significa: ARQUIBANCADA.
La gradinata cominciò a fischiare, "a arquibancada começou a vaiar".

GRADINO (s.m.)
É: DEGRAU e não "gradim" (em it., *gradina*).
Salire i gradini, "subir os degraus".

GRAMA (adj.)
É o f. de *gramo*, que significa: TRISTE, DOLOROSO.
Una vita grama, "uma vida triste".
"Grama" (s.), em it., é: *erba | grammo*.

GRANA (s.f. e m.inv.)
Na ling. popular tem a mesma conotação do port.: DINHEIRO.
Sborsare la grana, "desembolsar o dinheiro".
Na ling. familiar indica: ENCRENCA.
Ho mille grane, "tenho mil encrencas".
Piantare grane, "arrumar encrencas".
Traduz-se também por: GRANULOSIDADE.
Grana porosa, "granulosidade porosa".
Como s.m.inv. indica um tipo de "queijo parmesão".
Il grana é ottimo, "o queijo parmesão 'grana' é ótimo".

GRANATA (s.f.)
Além de GRANADA pode traduzir-se por: VASSOURA.
Hanno lanciato una granata sul popolo, "lançaram uma granada sobre o povo".
Spazzare con la granata nuova, "varrer com a vassoura nova".

GRANELLO (s.m.)
É: GRÃOZINHO e não "granel" (em. it., *granaio*).
Un granello di sabbia, "um grãozinho de areia".
No pl. *granelli* tem a conotação de: TESTÍCULOS (de frango, cordeiro, bezerro).

GRATA (s.f. e adj.f.)
Traduz-se por: GRADE.
La grata di ferro, "a grade de ferro".
Quando adj. tem o mesmo significado do port.

GRATTUGIA (s.f.)
É: RALADOR e não "garatuja" (em it., *smorfia* | *scarabocchio*).
La grattugia del formaggio, "o ralador de queijo".

GRATTUGIARE (v.t.)
Traduz-se por: RALAR e não "garatujar" (em it., *scarabocchiare* | *fare le smorfie*).
Grattugiare il pane secco, "ralar o pão seco".

GRAVARE (v.t., int. e reflex.)
É: GRAVAR na acepção de OPRIMIR, SOBRECARREGAR.
La responsabilità grava su di me, "a responsabilidade me oprime".
Gravare il popolo di imposte, "sobrecarregar o povo de impostos".
Na forma reflex.: SOBRECARREGAR-SE.
Gravarsi di tutta la responsabilità, "sobrecarregar-se de toda a responsabilidade".
"Gravar", no sentido de "entalhar", em it., é: *incidere*.

GREVE (adj.)
Palavra que significa: PESADO | VULGAR.
Un'aria greve, "um ar pesado".
Che linguaggio greve usa quell'uomo!, "que linguagem vulgar usa aquele homem!".
"Greve" (s.), em it., é: *sciopero*.

GROSSA (s.f. e adj.f.)
Como s.f. significa: GROSA (doze dúzias).
Ho comprato una grossa di bottoni, "comprei uma grosa de botões".
Como adj.f. tem o mesmo sentido de: GROSSA.
Voglio la parte più grossa, "quero a parte mais grossa".
Há as expressões:
Dormire della grossa, "dormir profundamente".
Alla grossa, "grosseiramente".

GROTTA (s.f.)
É: GRUTA, CAVERNA e não "grota" (em it., *forra, burrone*).
L'entrata della grotta è nascosta dalla vegetazione, "a entrada da gruta está escondida pela vegetação".

GUARDARE (v.t., int. e reflex.)

Pode ser traduzido por: GUARDAR, DEFENDER.
Há o provérbio: *Dagli amici mi guardi Iddio che dai nemici mi guardo io*, "Deus me defenda dos amigos que dos inimigos me defendo eu".
Ou mais comumente por:
- OLHAR, ADMIRAR

Guarda che bel quadro!, "olha que lindo quadro!".
- PRESTAR ATENÇÃO (v.int.)

Guarda di non cadere, "presta atenção para não cair".
- PROCURAR, FAZER DE MODO QUE

Guardare di studiare con concentrazione, "procurar estudar com concentração".
Na voz reflex.:
- OLHAR-SE

Guardarsi allo specchio, "olhar-se no espelho".
- seguido da prep. *da*: ABSTER-SE, EVITAR.

Si guardava dal bere, "se abstinha de beber".
Mi guardo bene dal rispondergli, "evito responder-lhe".
"Guardar" no sentido de "conservar", em it., é: *serbare, conservare, mettere via*.

GUSTARE (v.t. e int.)

Só tem o sentido de GOSTAR, AGRADAR quando usado intransitivamente.
Il suo scherzo non mi gusta affatto, "sua brincadeira não me agrada nem um pouco".
Quando usado transitivamente, significa: DEGUSTAR, SABOREAR, DELICIAR-SE COM.
Ho gustato questo piatto di pesce, "me deliciei com este prato de peixe".

I

IMBALLARE (v.t.)
É traduzível por EMBALAR em apenas duas das suas acepções:
1) EMBRULHAR, EMPACOTAR.
Imballare il cotone, "embalar o algodão".
Imballare la merce, "embalar a mercadoria".
2) ACELERAR (o motor).
Imballare il motore, "acelerar o motor".
"Embalar", em it., é: *cullare, dondolare*, no sentido de "ninar, balançar" e: *caricare la pallottola*, no de "carregar com bala".

IMBALLO (s.m.)
É: EMBALAGEM e não "embalo" (em it., *cullamento | oscillazione | sballo*).
Preparare la merce per l'imballo, "preparar a mercadoria para a embalagem".

IMBASTIRE (v.t.)
Não tem o mesmo significado de "embastir" (em it., *ispessire, condensare*).
Deve ser traduzido por: ALINHAVAR.
Imbastire l'orlo del vestito, "alinhavar a bainha do vestido".
Ou, no sentido fig., por: ESBOÇAR, PREPARAR.
Imbastire un discorso, "esboçar um discurso".

IMBOTTIRE (v.t. e reflex.)
Tem ora o sentido de: ACOLCHOAR, ESTOFAR.
Imbottire una poltrona, "acolchoar uma poltrona".
E por extensão: RECHEAR.
Imbottire un panino, "rechear um pão (com queijo, presunto, etc.)".

Ora o de: ENCHER (no sentido fig.).
Imbottire la testa di stupidaggini, "encher a cabeça com bobagens".
Na voz reflex. é: ENCHER-SE, AGASALHAR-SE.
Si è imbottito di medicine, "encheu-se de remédios".
Si è imbottito bene e poi è uscito, "agasalhou-se bem e depois saiu".
"Embutir", em it., é: *inzeppare, intarsiare*.

IMBRANCARE (v.t. e reflex.)
É: JUNTAR EM REBANHO, ARREBANHAR e não "embrancar" (em it., *imbiancare*).
Imbrancare le pecore, "arrebanhar as ovelhas".
Na voz reflex.: ENQUADRILHAR-SE.
Imbrancarsi in cattive compagnie, "enquadrilhar-se em más companhias".

IMBURRARE (v.t.)
Não é "emburrar" (em it., *imbronciare*) e sim: PASSAR ou UNTAR COM MANTEIGA.
Imburrare una fetta di pane, "passar manteiga em uma fatia de pão".

IMBURRATO (adj. e part.pass. de *imburrare*)
É: COBERTO DE MANTEIGA e não "emburrado" (em it., *imbronciato*).
Il pane imburrato, "o pão (coberto) com manteiga".

IMPACCARE (v.t.)
É "empacar" apenas na acepção de: EMPACOTAR.
Dobbiamo impaccare tutti i libri, "devemos empacotar todos os livros".
"Empacar", nas outras acepções, em it., é: *impuntarsi, impennarsi*.

IMPENNARE (v.t. e reflex.)
Como v.t. traduz-se por: EMPENAR, COBRIR DE PENAS, EMPLUMAR.
Le galline hanno impennato tutto il pollaio, "as galinhas cobriram de penas todo o galinheiro".
Não tem, porém, o sentido de "empinar papagaio" (em it., *innalzare l'aquilone*).
Na voz reflex.: EMPINAR.
Il cavallo si è impennato, "o cavalo empinou".
No sentido fig.: IRRITAR-SE.
Si impenna per niente, "irrita-se por nada".
"Empenar" (deformar-se), em it., é: *deformarsi*.

IMPERIALE (adj. e s.f.)
Como adj. tem o mesmo sentido do port.: IMPERIAL.
Questa è la residenza imperiale, "esta é a residência imperial".
Como s.f. significa: PARTE SUPERIOR DE UMA CARRUAGEM.
L'imperiale di una diligenza, "a parte superior de uma diligência".

IMPIGLIARE (v.t. e pron.)
Deve ser traduzido por: EMARANHAR, ENREDAR e não por "empilhar" (em it., *ammonticchiare, impilare*).
I rami impigliarono i capelli di Sara, "os galhos emaranharam os cabelos de Sara".
E quando pron. por: EMARANHAR-SE, ENREDAR-SE.
La farfalla si è impigliata nella ragnatela, "a borboleta emaranhou-se na teia".

IMPOSTARE (v.t. e reflex.)
Traduz-se por IMPOSTAR apenas quando se refere à voz:
Impostare la voce, "impostar a voz".
Significa também: INICIAR | AJUSTAR | ASSENTAR | FUNDAR.
Impostare le fondamenta di un edificio, "assentar as fundações de um edifício".
É mais usado, porém, no sentido de: POSTAR ou PÔR NO CORREIO.
Imposterò la lettera domani, "postarei a carta amanhã".
Na voz reflex. indica: COLOCAR-SE NA POSIÇÃO CERTA.
Impostarsi per il lancio, "colocar-se na posição certa para o arremesso".

INCANNARE (v.t.)
Termo usado na indústria têxtil que significa: DOBRAR, ENOVELAR e não "encanar" (em it., *incanalare*).

INCANNATA (s.f.)
Este termo indica: QUANTIDADE DE LINHA QUE CABE NUMA BOBINA OU EM UM CARRETEL.
"Encanada", em it., é: *incanalata*.

INCARARE (v.t. e int.)
Não é "encarar" (em. it., *affrontare*) mas: ENCARECER.
La carne è incarata, "a carne encareceu".

INCARTARE (v.t. e pron.)
Em it. tem o sentido de: EMBRULHAR, EMPACOTAR.
Devo incartare questo regalo, "devo embrulhar este presente".
Na forma pron. é termo usado no *bridge* com o sentido de: "ficar com cartas que não podem mais ser utilizadas".
"Encartar", em it., é: *nominare con carta o diploma*.

INCOGLIERE (v.t. e int.)
Nunca deve ser traduzido por "encolher" (em it., *restringere*). Trata-se de termo lit. para: ACONTECER, SOBREVIR.
È incolta una disgrazia, "aconteceu uma desgraça". (Obs.: *incolta* é o part.pass. do v. *incogliere*.)

I

■ INDICE (s.m.)
Além de ÍNDICE pode significar: ÍNDEX ou INDICADOR (dedo).
Devi consultare l'indice alfabetico, "você deve consultar o índice alfabético".
La penna va tenuta fra il pollice e l'indice, "deve-se segurar a caneta entre o polegar e o indicador".

■ INDOSSARE (v.t.)
Significa: VESTIR e não "endossar" (em it., *scrivere sul dorso di un documento commerciale: girare*).
Indossare la giacca, "vestir o paletó".

■ INDOSSO (adv.)
Literalmente quer dizer: SOBRE O CORPO, porém geralmente é omitido na tradução.
Mettersi indosso un cappotto, "vestir um sobretudo".
Com o mesmo significado existe: *addosso*.
"Endosso", em it., é: *girata* (termo comercial).

■ INFOCARE (v.t. e pron.)
É: COLOCAR FOGO, TORNAR ARDENTE e não "enfocar" (em it., *mettere a fuoco*).
Il fabbro infoca il metallo per lavorarlo meglio, "o ferreiro torna o metal ardente, para trabalhá-lo melhor".
Na forma pron.: TORNAR-SE ARDENTE, PEGAR FOGO.
Il forno si è infocato per l'elevata temperatura, "o forno tornou-se ardente devido à alta temperatura".
No sentido fig.: FICAR VERMELHO COMO O FOGO.
Si erano infocati in viso per l'emozione della vittoria, "com a emoção da vitória haviam ficado com o rosto vermelho como o fogo".

■ INGOIARE (v.t.)
Traduz-se por: ENGOLIR, TRAGAR.
Il bambino ha ingoiato una moneta, "o menino engoliu uma moeda".
Ha ingoiato il rospo senza reagire, "engoliu o sapo sem reagir".
Nada tem em comum com o v. "engoiar-se" (em it., *rattristire | arrabbiarsi | dimagrire*).

■ INGORDO (adj.)
Significa: VORAZ, GULOSO, INSACIÁVEL.
Un uomo ingordo, "um homem guloso".
Não corresponde a "engordo", s.m. (em it., *graminacea brasiliana da foraggio*), tampouco à 1.ª pess. sing. do pres. do v. "engordar" (em it., *ingrassare – io ingrasso*).

INGRASSARE (v.t., int. e pron.)
Não se traduz por "engraçar" (em it., *aggraziare, rendere grazioso*) mas por:
- ENGORDAR

Ingrassare il bestiame prima di venderlo, "engordar o gado antes de vendê-lo".
La pasta ingrassa, "a massa engorda".
- ENGRAXAR

Ingrassare un motore, "engraxar um motor".
- ADUBAR

Ingrassare un terreno, "adubar um terreno".
- ENRIQUECER (no sentido fig.). V. pron.

Ingrassarsi alle spalle altrui, "enriquecer à custa dos outros".

INGRASSATO (adj. e part.pass. de *ingrassare*)
Não é "engraçado" (em it., *buffo, spiritoso, divertente, grazioso*) e sim:
- FERTILIZADO, ADUBADO

Il terreno ben ingrassato produce di più, "o terreno, bem adubado, produz mais".
- ENGORDADO

Un bue ingrassato con razione speciale, "um boi engordado com ração especial".

INGROSSO (adv.)
É: APROXIMADAMENTE, "GROSSO MODO".
Ho contato venti pecore all'ingrosso, "contei vinte ovelhas, aproximadamente".
Na loc.adv. *all'ingrosso* significa: POR ATACADO.
Vendita di merce all'ingrosso, "venda de mercadoria por atacado".
Obs.: quando se trata da 1ª pess.sing. do pres. do v. *ingrossare*, traduz-se, então, por: EU ENGROSSO, mas só no sentido de "tornar grosso, espesso".

INTERESSE (s.m.)
Além de INTERESSE, significa JURO.
Il fatto non ha nessun interesse, "o fato não tem interesse algum".
Gli interessi della banca sono molto alti, "os juros do banco são muito altos".

INTROITO (s.m.)
Além de INTRÓITO tem o sentido de: ARRECADAÇÃO, ENTRADA DE DINHEIRO.
Siamo arrivati in chiesa al momento dell'introito, "chegamos à igreja na hora do intróito".
Calcolare l'introito, "calcular a arrecadação".

INTRONARE (v.t.)
Significa: ATORDOAR | TROVEJAR e não "entronar" (em it., *intronizzare*).
È rimasto completamente intronato, "ficou completamente atordoado".

I

▪ INVASARE (v.t.)
Pode ser traduzido por ENVASAR (colocar no vaso), mas possui também a acepção de: POSSUIR, ARREBATAR.
A primavera bisogna invasare le piante, "na primavera devemos envasar as plantas".
Essere invasato dal diavolo, "estar possuído pelo diabo".

▪ INVESTIRE (v.t.)
Pode ser INVESTIR, nas suas várias acepções, e também: ATROPELAR.
Ho investito tutti i miei soldi in questo affare, "investi todo meu dinheiro neste negócio".
L'automobile ha investito il ciclista, "o carro atropelou o ciclista".

L

LACUALE (adj.)
Não é "a qual" (em it., *la quale*) mas: LACUSTRE.
Navigazione lacuale, "navegação lacustre".

LACUNARE (s.m.)
Traduz-se por: LACUNÁRIO (espaço entre vigas | ornato nos intercolúnios das arquitraves).
O ad. que corresponde a "lacunar", em it., é: *lacunoso*.

LAGNARSI (v.pron.)
É: QUEIXAR-SE, LAMENTAR-SE, pois "lanhar", em it., é: *dilaniare*.
Lagnarsi per il cattivo servizio, "queixar-se do mau serviço".

LAGNO (s.m.)
Não se traduz por "lanho" (em it., *coltellata | pezzo di carne*), mas por: LAMENTO.

LAMA (s.f. e m.)
É: LÂMINA.
La lama del coltello, "a lâmina da faca".
"Lama", em it., é: *fango, mota*.
Existe, no entanto, a acepção lit. que quer dizer: "local baixo, lamacento".
Este s., quando m., tem os mesmos significados do port.:
- SACERDOTE BUDISTA.
- MAMÍFERO RUMINANTE DOS ANDES.

L

LAMPO (s.m.)
Significa, como em port.: RELÂMPAGO, mas a palavra composta *cerniera lampo* traduz-se por: ZÍPER.
Cambiare la cerniera lampo del vestito, "trocar o zíper do vestido".
No sentido fig. a expressão *lampo di genio* traduz-se por: "intuição repentina e genial".
In un lampo, "em um instante".

LANCETTA (s.f.)
É igual ao port. na acepção de: "instrumento cirúrgico", porém difere quando assume o significado de: PONTEIRO.
Le lancette dell'orologio, "os ponteiros do relógio".

LANCIARE (v.t. e reflex.)
É: LANÇAR, ARREMESSAR e não "lanchar" (em it., *merendare*).
Lanciare il giavellotto a grande distanza, "arremessar o dardo a grande distância".
Na voz reflex.: LANÇAR-SE, JOGAR-SE.
Il paracadutista si è lanciato dall'aereo, "o pára-quedista jogou-se do avião".

LANTERNA (s.f.)
Como em port.: LANTERNA. Porém, no sentido fig. e no pl., assume o significado de:
▪ OLHOS
Spalancare le lanterne, "arregalar os olhos".
▪ ÓCULOS
Rompere le lanterne, "quebrar os óculos".
A expressão *prendere lucciole per lanterne* significa: "tomar gato por lebre" (enganar-se).

LASCA (s.f.)
Trata-se de CADOZ (peixe de água doce).
"Lasca", em it., é: *scheggia | striscia | fetta*.
Há a expressão:
Essere sano come una lasca, "gozar de saúde perfeita".

LASCIARE (v.t. e reflex.)
Significa DEIXAR e na voz reflex.: DEIXAR-SE, e não "laxar" (em it., *rilassare | allentare | dilatare*).
Ha lasciato la fidanzata a casa, "deixou a noiva em casa".
Si sono lasciati senza rancore, "deixaram-se sem rancor".

LASSO (s.m. e adj.)
Como s. tem o significado de LAÇO (para a captura de animais selvagens) e também de: PERÍODO, ESPAÇO, na expressão: *lungo (o breve) lasso di tempo*, "longo (ou breve) espaço de tempo".

Como adj. deve ser traduzido por: LARGO, FROUXO.
É também termo lit. que significa: CANSADO e em poesia: INFELIZ.

LATTE (s.m.)
Não se trata de voz do v. "latir" (em it., *abbaiare*) mas de: LEITE.
I bambini devono bere molto latte, "as crianças devem beber muito leite".
Il latte dei vecchi, "o vinho".
Fior di latte, "nata do leite" e "tipo de mozzarella magra".

LAUDA (s.f.)
Corresponde a LAUDA apenas como "canto religioso" ou "antiga representação dramática ligada ao rito litúrgico", e não como "página de livro, lado escrito de folha de papel" (em it., *pagina*).
Este termo é usado com sentido irônico e brincalhão na expressão:
Tutti cantan le sue laudi, "todos cantam seus erros".

LAVANDA (s.f.)
Tem várias significações:
- LAVANDA
Profumo di lavanda, "perfume de lavanda".
- LAVAGEM
Lavanda gastrica, "lavagem gástrica".
- LAVA-PÉS (cerimônia litúrgica da Quinta-feira Santa).

LECITO (adj., part.pass. de *licere* e s.m.)
Este adj., que deve ser traduzido por LÍCITO, PERMITIDO, não corresponde absolutamente ao s.m. "lécito" (gema de ovo ou vaso para perfumes ou óleos, entre os gregos antigos).
È lecito fumare, "é permitido fumar".
Como s.m.: *A volte i giovani vanno oltre il lecito*, "às vezes os jovens vão além do permitido".

LEGA (s.f.)
Pode ser traduzido de várias maneiras:
- LIGA
La lega di due metalli, "a liga de dois metais".
- LÉGUA
La lega marina, "a légua marinha".
- ASSOCIAÇÃO, COALISÃO, ALIANÇA
Lega Nazionale Calcio, "Associação Nacional de Futebol".
No sentido fig.:
Scherzo di cattiva lega, "brincadeira de mau gosto".

Gente di bassa lega, "gente de caráter vil".
"Lega", em it., é: *strumento per estrarre il latice dalle piante di caucciù.*

LEG**A**LE (adj. e s.m.)
Quando adj. é igual ao português: LEGAL (conforme à lei).
È stato un atto legale, "foi um ato legal".
Quando s.m. significa: LEGISTA, JURISCONSULTO, LEGISPERITO.
Voglio chiedere il parere di un legale, "quero pedir o parecer de um legista".

LEG**A**RE (v.t., int. e reflex.)
Também possui várias traduções possíveis:
- LEGAR

Legare una casa a qualcuno, "legar uma casa a alguém".
- AMARRAR

Legare il cavallo all'albero, "amarrar o cavalo à árvore".
- ENCASTOAR, ENGASTAR

Legare una gemma in un anello, "engastar uma pedra fina em um anel".
- ENCADERNAR

Devo far legare questo vecchio dizionario, "devo mandar encadernar este velho dicionário".
- LIGAR

Legare due metalli, "ligar dois metais".
- TRAVAR

Il cachi acerbo lega i denti, "o caqui verde trava os dentes".
Na forma int.: COMBINAR.
Questi colori non legano, "estas cores não combinam".
Na voz reflex.: UNIR-SE, JUNTAR-SE, DAR-SE.
Si sono legati in matrimonio ieri, "uniram-se em matrimônio ontem".
Há também as expressões:
Pazzo da legare, "louco varrido".
Legarsela al dito, "guardar rancor, não esquecer uma desfeita".

LEG**N**ARE (v.int. e t.)
É: LENHAR, CORTAR LENHA (int.), mas tem também o sentido de: BATER, ESPANCAR (t.).
Quell'uomo ha legnato i suoi figli, "aquele homem espancou seus filhos".

L**EI** (pron.pess.f.s. de 3.ª pess.)
É: ELA e não "lei" (em it., *legge*).
Sono fratello e sorella: lui è simpatico ma lei è molto snob, "são irmãos: ele é simpático, mas ela é muito esnobe".
Obs.: é usado também como pronome de cortesia (tratamento formal), m.s ou f.s.:

Lei è americano?, "o senhor é americano?"
Lei è italiana?, "a senhora é italiana?"

LENA (s.f.)
Tem ora o sentido de: VIGOR, AFINCO.
Applicarsi al lavoro di buona lena, "aplicar-se ao trabalho com afinco".
Ora o de: FÔLEGO, RESPIRAÇÃO.
Dopo la corsa è mancata la lena, "após a corrida faltou fôlego".
"Lena" (alcoviteira), em it., é: *ruffiana*.

LETTERA (s.f.)
Traduz-se por:
- LETRA

"A" è la prima lettera dell'alfabeto, "A" é a primeira letra do alfabeto.
Obs.: "letra" de música em it. é: *parole*.
Ho già imparato le parole di questa canzone, "já aprendi a letra desta canção".
- CARTA

Scrivere una lettera a un amico, "escrever uma carta a um amigo".
Alla lettera significa: "ao pé da letra".
Interpreta la legge alla lettera, "interpreta a lei ao pé da letra".

LETTIERA (s.f.)
Não é "leiteira" (em it., *lattivendola* | *lattiera*) e sim:
- CABECEIRA DE CAMA

Ho comprato un letto con la lettiera d'ottone, "comprei uma cama com a cabeceira de latão".
- CAMA DE ANIMAIS (camada de palha e folhas colocadas nos estábulos).

Bisogna rifare la lettiera della stalla, "é preciso refazer a cama dos animais do estábulo".

LEVA (s.f.)
Traduz-se por:
- LEVA (apenas na acepção de: alistamento de tropa).
- ALAVANCA

Fare forza sulla leva, "fazer força sobre a alavanca".

LEVARE (v.t., reflex. e s.m.inv.)
Traduz-se por LEVAR e também por:
- LEVANTAR

Non aver voglia di levare un dito, "não ter vontade de levantar um dedo".
- TIRAR

Levare una macchia dal vestito, "tirar uma mancha do vestido".
Na voz reflex.: LEVANTAR-SE, AFASTAR-SE.

Oggi mi sono levato presto, "hoje levantei-me cedo".
Levarsi da un posto, "afastar-se de um lugar".
Na função de s.m.inv. significa: O NASCER.
Il levare del sole (o della luna), "o nascer do Sol (ou da Lua)".

LI (pron.pess.m.pl. de 3.ª pess.)
Traduz-se por: OS.
Ho comprato i fichi e li ho mangiati, "comprei os figos e os comi".
"Li" (do v. "ler"), em it., é: *lessi*.

LÌ (adv.)
Traduz-se por: ALI, NAQUELE LUGAR.
Il libro è lì sul tavolo, "o livro está ali, na mesa".
Há as expressões:
Lì per lì, "naquele instante, na hora".
Lì per lì non ho saputo cosa rispondere, "na hora não soube o que responder".
Essere lì lì per, "estar prestes a".
Il vaso era lì lì per cadere, "o vaso estava prestes a cair".
Giú di lì, "aproximadamente".
Erano giù di lì diecimila persone, "eram aproximadamente dez mil pessoas".
Com este adv. formam-se várias loc.adv.:
lí sopra, "ali em cima", *lí sotto*, "ali embaixo", *lí vicino*, "ali perto", *lí accanto*, "ali ao lado".
"Li" (do verbo "ler"), em it., é: *lessi*.

LIDO (s.m.)
Não se trata do part.pass. do v. "ler" (em it., *letto*) mas de s. que significa: FAIXA ARENOSA QUE SEPARA AS LAGOAS DO MAR ALTO | ESTABELECIMENTO BALNEAR.
Faccio il bagno al lido di Ostia, "tomo banho no estabelecimento balnear de Óstia".
A expressão *tornare ai patri lidi* significa: "voltar ao lugar de origem (pátria)".

LINDO (adj.)
É: LIMPO, BEM CUIDADO.
Una casa linda, "uma casa limpa".
"Lindo", em it., é: *bello*.

LISCIO (adj. e s.m.)
Não é "lixo" (em it., *spazzatura*) mas: LISO.
Ho i capelli lisci, "tenho os cabelos lisos".
No sentido fig. assume a conotação de: SEM DIFICULDADE, SEM OBSTÁCULOS.
È andato tutto liscio, "foi tudo sem dificuldades".
Obs.: usa-se para pedir, no bar, uma bebida alcóolica sem acréscimo de gelo ou soda, ou

ainda um café sem leite, água, espuma, um chá sem limão ou uma água mineral sem gás.
Un campari liscio – un caffè liscio – un tè liscio – un'acqua liscia.
Como s.m. indica: DANÇA TRADICIONAL (sem levantar muito os pés do chão).
I miei amici ballano benissimo il liscio, "meus amigos dançam muito bem as danças tradicionais".

LISO (adj.)
Não é "liso" que, como já foi visto acima, em it., é: *liscio*, e sim: GASTO, CONSUMIDO.
Il tessuto della manica è liso, "o tecido da manga está gasto".

LIVIDO (s.m. e adj.)
Como s. deve traduzir-se por: EQUIMOSE, HEMATOMA.
La botta ha provocato un livido, "a pancada provocou um hematoma".
Como adj. tem o mesmo significado do port.: LÍVIDO.

LIVORE (s.m.)
É: INVEJA, RANCOR, ÓDIO e não "livor" (em it., *lividezza*).
Il livore degli avversari, "a inveja dos adversários".

LOBATO (adj.)
Significa: DIVIDIDO, FEITO EM LÓBULOS e não "lobato" (em it., *lupacchiotto*).

LOBO (s.m.)
É: LÓBULO e não "lobo" (em it., *lupo*).
Ho fatto bucare i lobi delle orecchie per mettermi gli orecchini, "mandei furar os lóbulos das orelhas para colocar os brincos".

LODO (s.m.)
Não se traduz por "lodo" (em it., *fango, mota*) mas por: LAUDO (parecer de louvado ou árbitro sobre uma controvérsia). É o termo antigo, também, de *lode* ("louvor, elogio").
Pode ser, outrossim, a 1ª pess.sing. do pres. do ind. do v. *lodare* ("louvar").

LOGGIA (s.f.)
Traduz-se por LOJA quando se tratar da maçônica, ou de termo usado em botânica.
De modo geral é: PÓRTICO, ALPENDRE.
Molti palazzi italiani sono circondati da bellissime logge, "muitos palácios italianos são circundados por belíssimos pórticos".

LOGGIONE (s.m.)
Não significa "grande loja" mas: GALERIA (de teatro).
Il loggione è affollato, "a galeria está lotada".

L

■ LOMBRICO (s.m.)
É: MINHOCA e não "lombriga" (em it., *ascaride, verme dei bambini*).
Una terra piena di lombrichi, "uma terra cheia de minhocas".

■ LORO (pron.pess. e poss.m. e f.pl. de 3.ª pess.inv. e s.m.pl.)
É: ELES, ELAS.
Loro sono stanchi, "eles estão cansados".
Loro sono stanche, "elas estão cansadas".
Quando possessivo: SEU, SUA, SEUS, SUAS (dele, dela, deles, delas).
Gli uccelli tornano al loro nido, "os pássaros voltam para seus ninhos".
Arrivarono i cugini con le loro figlie, "chegaram os primos com suas filhas".
Obs.: tanto no sing. como no pl. é sempre precedido do art. def.
"Loro", em it., é: *correggia della staffa*.
Quando s.pl., significa OS SEUS (no sentido de: pais, parentes).
I loro sono già partiti per le vacanze, "os seus já partiram para as férias".

■ LUCIDARE (v.t.)
É: LUCIDAR e também POLIR.
Lucidare l'argento, "polir a prata".

■ LUPA (s.f.)
É: LOBA e não "lupa" (em it., *lente di ingrandimento*).
La lupa di Roma, "a loba de Roma".

■ LURIDO (adj.)
Significa: IMUNDO, NOJENTO.
Che posto lurido!, "que lugar imundo!".
"Lurido", em it., é: *pallido*.

M

MA (conj.)
Nada tem em comum com "ma" (em it., *me la*). Traduz-se por: MAS, PORÉM.
Sono povero ma felice, "sou pobre mas feliz".

MACACO (s.m.)
Denota apenas um tipo de macaco asiático. Não se trata, portanto, do nome genérico para designar a espécie como em port. "Macaco", em it., é: *scimmia*. No sentido fig. tem o significado de: HOMEM PEQUENO, FEIO E ESTÚPIDO.

MACCHIARE (v.t.)
É: MANCHAR e não "maquilar ou maquiar" (em it., *truccare*).
Macchiare il vestito, "manchar o vestido".

MACCHINA (s.f.)
Traduz-se por: MÁQUINA, no sentido lato.
Macchina a vapore, "máquina a vapor".
Este termo passou, por antonomásia, a designar: CARRO.
Comprare una macchina nuova, "comprar um carro novo".
Fare macchina indietro significa: "renunciar ao que se quer fazer".

MAGARI (interj. e adv.)
Verte-se por: QUEM DERA! OXALÁ!
Lei va in Italia? – Magari!, "o senhor (ou a senhora) vai para a Itália? – Quem dera!".
Nada tem em comum, portanto, com "magari" (índio que pertencia à tribo dos "magaris").
Quando adv. significa: TALVEZ, QUIÇÁ, ATÉ.

M

Magari non verrà neppure, "talvez nem venha".
Sarei magari capace di farlo, "seria até capaz de fazê-lo".

MAGAZZINO (s.m.)
É: DEPÓSITO.
La merce è in magazzino, "a mercadoria está no depósito".
Às vezes pode também significar: O LUGAR ONDE SE GUARDA O FILME A SER REVELADO.
No pl.: *grandi magazzini* tem a conotação de: GRANDE LOJA, SHOPPING.
"Magazine", em it., é: *rivista | negozio*.

MAGGIORE (s.m. e adj.)
Como s. traduz-se por MAJOR.
Il maggiore è stato promosso, "o major foi promovido".
Quando está no pl. (*i maggiori*) passa a significar também: OS ANCESTRAIS, ou AS PERSONAGENS MAIS INFLUENTES DE UMA SOCIEDADE.
Seguiamo l'esempio dei nostri maggiori, "sigamos o exemplo dos nossos ancestrais".
Como adj. significa: MAIOR.
Carlo è il maggiore dei tre bambini, "Carlo é o maior dos três meninos".
Obs.: Maior de idade é: *maggiorenne*.
A expressão *andare per la maggiore* significa: "ser considerado entre os melhores, ter grande sucesso".

MAGRA (s.f. e adj.)
Além de ser o f. de *magro* (adj.) este termo quer dizer: ESTIAGEM.
La magra del fiume, "a estiagem do rio".
E no sentido fig.: ESCASSEZ.
Tempi di grande magra, "tempos de grande escassez".

MAI (adv. e s.m.inv.)
É muito freqüente o erro ao se traduzir esta palavra por "mais" (em it., *più*).
Deve ser traduzido, no entanto, por: NUNCA.
Non sono mai soddisfatti, "não estão nunca satisfeitos".
Quando usado em orações interrogativas tem o sentido de:
ALGUMA VEZ, POR ACASO.
Siete mai stati a Parigi?, "estiveram, alguma vez, em Paris?".
Gliene parlerò se mai lo incontrassi, "falarei a respeito se por acaso o encontrar".
Tem o valor de reforço nas locuções:
Più che mai, "mais que nunca".
Quanto mai + adj., "muito".
Sono quanto mai stanco, "estou muito cansado".
Caso mai, se mai, "eventualmente".

Come mai?, "por quê?".
Tem seu valor reforçado quando é seguido por: *più*.
Non lo inviterò mai più, "não o convidarei nunca mais".
Como s.m.inv.:
Il giorno del mai, "o dia de são nunca".

MAIS (s.m.)
É: MILHO, pois "mais", em it., é: *più*.
Pane fatto con farina di mais, "pão feito com farinha de milho".

MALGA (s.f.)
Nada tem a ver com "malga" (em it., *scodella*). Denota CABANA ALPINA (habitação temporânea de pessoas e animais nos pastos alpinos).

MAMMA (s.f.)
É: MÃE, pois "mama", em it., é: *mammella*.
La mamma mette il bambino nella culla, "a mãe põe o menino no berço".
A locução *Mamma mia!* exprime: surpresa, susto, alegria, dor, etc. e equivale a:
MINHA NOSSA! NOSSA SENHORA!
Mamma mia quant'è brutto!, "minha nossa, como é feio!".

MANATA (s.f.)
Não é "manada" (em it., *gregge, mandria*) nem tampouco "manata" (em it., *bellimbusto | ladro*), mas:
- PALMADA, BOFETADA, TAPA
Dare una manata sulla spalla, "dar um tapa no ombro".
- PUNHADO, MANCHEIA
Una manata di terra, "um punhado de terra".
No sentido figurado: GRUPO.
Una manata di persone, "um grupo de pessoas".

MANCA (s.f.sing.)
É:
- MÃO ESQUERDA
Usare la manca per scrivere, "usar a mão esquerda para escrever".
- (PARTE) ESQUERDA
Voltare a manca, "virar à esquerda".
A dritta e a manca, "à direita e à esquerda, em todo lugar".
"Manca", em it., é: *zoppa*.

MANCARE (v.int. e t.)
É: FALTAR e não "mancar" (em it., *zoppicare*).

M

Non dovete mancare alla partita, "vocês não devem faltar ao jogo".
Gli sono mancate le forze, "faltaram-lhe as forças".
Nas expressões abaixo, pode ter outros significados, tais como:
Mancare il colpo, "falhar".
Mancare il treno, "perder o trem".
Gli manca un giovedì, "tem um parafuso a menos".
Poveretto, è mancato all'improvviso!, "Coitado, morreu de repente!".
Ci mancava anche questo!, "só faltava isso!".
Mi sento mancare, "sinto-me desfalecer".

MANCIA (s.f.)

Não se trata de "mancha" (em it., *macchia*) e sim de: GORJETA.
Dare la mancia al cameriere, "dar a gorjeta ao garçom".
Mancia competente, "recompensa dada a quem devolve um objeto perdido".
Nota: o sufixo "-mancia", que denota: adivinhação, predição, em it., é: *-manzia*.
Cartomanzia, chiromanzia, "cartomancia, quiromancia".

MANCIATA (s.f.)

É: PUNHADO, MANCHEIA e não "manchada" (em it., *macchiata*).
Una manciata di fagioli, "um punhado de feijões".

MANCO (adj. e adv.)

Não é "manco" (em it., *zoppo*) e sim:
ESQUERDO, CANHOTO.
Lato manco, "lado esquerdo".
Quando adv. significa: NEM e é usado nas expressões:
Manco per scherzo!, "nem de brincadeira!".
Manco per sogno!, "nem sonhar!".
Manco uno, "nenhum".
Manco male, "menos mal".
Senza manco, "sem dúvida, sem falta".

MANDARE (v.t.)

É: MANDAR apenas no sentido de "enviar".
Manderò la lettera domani, "mandarei a carta amanhã".
No sentido de "ordenar", o equivalente, em it., é: *comandare*.
Há várias expressões com este verbo:
Mandare a monte, "malograr".
Mandare all'altro mondo, "matar".
Mandare via, "mandar embora".
Mandare una cosa a buon fine, "concluir bem uma coisa".

Che Dio ce la mandi buona!, "que Deus nos proteja!".
Piove come Dio la manda, "chove a cântaros".

■ MANDARINO (s.m.)

Além de MANDARIM (alto funcionário público na Antiga China), tem o sentido de: TANGERINA (o fruto e a árvore).
Un tempo in Cina comandavano i mandarini, "antigamente, na China, mandavam os mandarins".
Sbucciare un mandarino con le mani, "descascar uma tangerina com as mãos".

■ MANDATA (s.f.)

É traduzível por:
■ REMESSA
Ho ricevuto la merce in due mandate, "recebi a mercadoria em duas remessas".
■ VOLTA (da fechadura)
Chiudere la porta a doppia mandata, "fechar a porta com duas voltas".
"Mandada", em it., é: *inviata | la distribuzione delle carte (da gioco)*.

■ MANDRIA (s.f.)

Deve ser traduzido por: MANADA, REBANHO.
La mandria è al pascolo, "a manada está no pasto".
Ou, no sentido pejorativo, por: BANDO.
Una mandria di ladri, "um bando de ladrões".
"Mandria", em it., é: *pigrizia, indolenza*.
Obs.: existe também a forma *mandra*.

■ MANETTE (s.f.pl.)

Não se trata de "manete" (acelerador de motor de avião), tampouco do pl. do adj. "maneta" (em it., *manco*), mas de:
ALGEMAS.
Mettere le manette al ladro, "colocar as algemas no ladrão".
Obs: com este significado, existe apenas no pl. No sing., é um francesismo usado com o sentido de "maçaneta | manivela | alça".

■ MANGIARE (v.t. e s.m.)

Traduz-se por: COMER, pois "manjar", em it., é: *osservare | intendersene*.
Mangiare riso con fagioli, "comer arroz com feijão".
Algumas expressões com este v.:
Mangiare alle spalle di qualcuno, "viver à custa de alguém".
Mangiarsi il fegato, "roer-se de raiva".
Mangiarsi i gomiti, "roer-se de inveja".

M

Mangiarsi la parola, "não manter uma promessa".
Mangiare in bianco, "comer, evitando molhos e condimentos".
Como s. é:
COMIDA ou ATO DE COMER e não "manjar" (em it., *manicaretto*).
È pronto il mangiare?, "está pronta a comida?".
Curiosidades:
O v. "manjar", do latim "manducare", que deu origem também ao it. *mangiare* e ao francês *manger*, tinha, na sua origem, o sentido de "comer". Hoje em dia, porém, devido à alteração semântica, é mais usado no sentido de: "observar, entender, perceber, ter conhecimento de".

MANGO (s.m.)
É: MANGA (fruta) e MANGUEIRA (árvore), pois "mango", em it., é: *scudiscio*.
Mi piace molto il mango nella macedonia, "gosto muito de manga na salada de frutas".
C'è un mango nel frutteto, "há uma mangueira no pomar".

MANICA (s.f.)
Traduz-se por MANGA (de roupa).
Camicia a maniche lunghe, "camisa de mangas compridas".
Há as expressões:
Rimboccarsi le maniche, "arregaçar as mangas".
Essere di manica larga, "ser tolerante, indulgente".
Avere l'asso nella manica, "ter a solução secreta".
No aeroporto *manica a vento* é: BIRUTA.
"Manica", em it., é: *la più piccola delle tre palle di cuoio del laccio*.

MANIGLIA (s.f.)
Não é "manilha" (em it. é: *tubo di terracotta per la conduttura dell'acqua* ou *specie di tabacco*) e sim: MAÇANETA, ALÇA, MANIVELA.
La maniglia della porta è rotta, "a maçaneta da porta está quebrada".

MANINA (s.f.)
Trata-se do diminutivo de *mano*: MÃOZINHA.
Che manina delicata!, "que mãozinha delicada!".
"Manina", em it., é: *vacca sterile*.

MANO (s.f.)
Pode ser traduzido por: MÃO ou por DEMÃO.
Il mancino usa la mano sinistra, "o canhoto usa a mão esquerda".
Dare una mano di vernice, "dar uma demão de tinta".
Possui um pl. irregular: *le mani*.

"Mano", em port., é a forma hipocorística (vocábulo familiar, carinhoso) de "irmão" (em it., *fratello*). A conotação de "mão", no entanto, subsiste na loc.: "mano a mano".
Há as expressões:
Avere le mani di pasta frolla, "deixar cair tudo da mão".
Mettersi le mani nei capelli, "estar desesperado".
Cogliere qualcuno con le mani nel sacco, "pegar alguém em flagrante".
Essere lesto di mano, "ser hábil no roubar".
Stare con le mani in mano, "ficar sem fazer nada".
Una persona alla mano, "uma pessoa simples".
Man mano, "pouco a pouco".
Fare man bassa, "roubar, saquear".
Cedere la mano, "dar a precedência".
A piene mani, "com abundância".
Sottomano, "às escondidas | ao alcance".
-*mano* é também o segundo elemento de nomes compostos por uma forma verbal + o substantivo *mano*. Ex: *asciugamano*, "toalha de banho ou de mão".

MANSIONE (s.f.)
Esta palavra pode ser traduzida por: MORADA, mas é mais usada, na ling. burocrática, com o sentido de: INCUMBÊNCIA, MISSÃO, ENCARGO.
Ricevere una mansione importante, "receber uma missão importante".
"Mansão", em it., é: *villa*.

MANTA (s.f.)
Trata-se de ARRAIA, pois "manta", em it., é: *coperta, gualdrappa*.
La manta si nutre di plancton, "a arraia alimenta-se de plâncton".
Obs.: este peixe é mais comumente chamado de *razza*.

MANTECA (s.f.)
Não é "manteiga" (em it., *burro*) e sim:
POMADA, MISTURA HOMOGÊNEA.

MANTECARE (v.t. e int.)
Significa: MISTURAR BEM (OS INGREDIENTES) ATÉ OBTER, FORMAR UMA MASSA HOMOGÊNEA.
Per preparare quella salsa bisogna mantecare tonno e maionese, "para preparar aquele molho, é preciso misturar bem o atum e a maionese, até obter uma massa homogênea".
Na forma int.: *Il risotto deve mantecare qualche minuto prima di essere servito*, "o arroz deve formar uma massa homogênea antes de ser servido".
"Amanteigar", em it., é: *imburrare, rendere simile a burro*.

M

■ MANTECATO (s.m., adj. e part.pass. de *mantecare*)
Como s. é: SORVETE MOLE E MUITO CREMOSO.
Como adj. e part.pass. ver o significado do v. *mantecare*.
"Amanteigado", em it., é: *imburrato | al burro*.

■ MANUBRIO (s.m.)
Tem o mesmo significado quando se refere à anatomia (parte superior do esterno), porém difere quando se trata de bicicleta ou motocicleta. Passa a significar então: GUIDÃO.
Il bambino è seduto sul manubrio, "o menino está sentado no guidão".
Pode ser também: MANIVELA, CABO.

■ MARATONETA (s.m. e f.)
Não é uma "pequena maratona" (em it., *maratonina*). Trata-se de: MARATONISTA.
La partenza dei maratoneti, "a saída dos maratonistas".

■ MAREGGIATA (s.f.)
Deve traduzir-se por: RESSACA (investida violenta do mar contra o litoral), pois "marejada" denota apenas "uma leve agitação das ondas do mar".
L'ultima mareggiata è stata molto forte, "a última ressaca foi muito forte".

■ MARINA (s.f.)
Além de MARINA, significa também MARINHA.
Lavorare nella Marina Mercantile, "trabalhar na Marinha Mercante".

■ MARINARE (v.t.)
Tem o mesmo significado do port. MARINAR (pôr em marinada), mas assume conotação diferente na expressão *marinare la scuola*, "matar aula".

■ MARMELLATA (s.f.)
É: GELÉIA DE FRUTAS e não "marmelada" (em it., *cotognata*).
Mangiare pane e marmellata di fragole, "comer pão com geléia de morango".

■ MARMO (s.m.)
Traduz-se por: MÁRMORE, e nada tem em comum com o adj. "marmo" (em it., *enorme | eccellente*).
Una statua di marmo, "uma estátua de mármore".

■ MARRONE (s.m. e adj.inv.)
Quando adj. significa: MARROM.
Una borsa di cuoio marrone, "uma bolsa de couro marrom".
Quando s. tem várias traduções possíveis:

■ CASTANHA
Una marmellata di marroni, "uma geléia de castanhas".
■ CASTANHEIRO
Quell'albero è un marrone, "aquela árvore é um castanheiro".
■ ERRO, ENGANO
Este último é usado na expressão:
Pigliare un marrone, "ser enganado".

MARZOCCO (s.m.)
Não corresponde a "marzoco" (em it., *buffone*), pois denota: FIGURA DE LEÃO ESCULPIDA OU PINTADA NA DIVISA DE FLORENÇA.

MAS (s.m.)
Provém da sigla MAS (Motoscafo Anti Sommergibili), que indica: VELOZ E POSSANTE LANCHA DE GUERRA ITALIANA PROVIDA DE LANÇA-MÍSSEIS.
"Mas", em it., é: *ma, però*.

MASSO (s.m.)
Embora seja homófono, não deve ser traduzido por "maço" (em it. *mazzo | pacchetto*), pois indica: BLOCO DE PEDRA.
Questo pane è duro come un masso, "este pão é duro como um bloco de pedra".
Cadere come un masso significa: "cair pesadamente".

MASTRO (s.m.)
É: MESTRE.
Il Capomastro, "o mestre-de-obras".
Obs.: *mastro d'ascia* traduz-se por: MARCENEIRO.
"Mastro", em it., é: 1) *albero della nave*; 2) *asta di bandiera*.

MATADOR (s.m.)
É: TOUREIRO QUE MATA O TOURO NA TOURADA, pois "matador", em it., é: *assassino, uccisore*.

MATASSA (s.f.)
Não é "matassa" (em it., *seta cruda*) mas: MEADA.
Una matassa di cotone, "uma meada de algodão".
Cercare il bandolo della matassa, "procurar o fio da meada".

MATTA (s.f.)
É:
■ ESTEIRA

M

- CORINGA (carta pré-escolhida que pode ter qualquer valor)
- CABECINHA DE CORDEIRO SEM MIOLOS

"Mata", em it., é: *macchia, bosco*.

MATTO (adj.)

Não é "mato" (em it., *sterpaglia*) mas:
- LOUCO

Un uomo completamente matto, "um homem completamente louco".
- FALSO (fig.)

Mi hanno dato cinquantamila lire matte, "deram-me cinqüenta mil liras falsas".
- MATE

Apenas na loc.: *scacco matto*, "cheque mate" (xadrez).

ME (pron.pess.m. e f.sing. de 1.ª pess.)

É a forma tônica do pron. e significa: MIM, COMIGO.
Chissà se ricorderanno di me?, "será que eles se lembrarão de mim?".
Chi viene con me al cinema?, "quem vem comigo ao cinema?".
"Me", em it., é: *mi* (forma átona).
Obs.: *me'* é a forma apocopada e antiga de *meglio*. Neste caso, o *e* é aberto.

MEARE (v.int.)

Termo lit. que deve ser traduzido por: PASSAR ATRAVÉS, PENETRAR e não por "mear" (em it., *dimezzare*).
Há um verso de Dante: *raggio di sol che puro mei...*, "raio de sol que puro penetras...".

MECO (forma pron. composta)

Forma usada principalmente em lit. Em it., está por: *con me*. Traduz-se por: COMIGO.
Vieni meco, "vem comigo".
Non ho meco i libri, "não tenho os livros comigo".
O termo de gíria, em port., "meco", corresponde, em it., a: *tizio | tipaccio | libertino*.

MEDIA (s.f.)

Traduz-se por: MÉDIA.
La media ponderata, "a média ponderada".
Porém: *La scuola media* é: "ensino de 1.º e 2.º graus".
No pl.: *i media* tem a conotação de: MEIOS DE COMUNICAÇÃO.
Una notizia divulgata dai media, "uma notícia divulgada pelos meios de comunicação".

MELA (s.f.)

É: MAÇÃ.
Cogliere una mela dall'albero, "colher uma maçã da árvore".

No pl., é termo vulgar que denota: NÁDEGAS.
"Mela", em it., tem várias traduções: *malattia* | *cachessia* | *sbornia*.

MELO (s.m.)

Significa MACIEIRA. Nada tem a ver, portanto, com o v. "melar", em it., *addolcire, ungere con il miele* | *guastare* | *intristire*.
Ho piantato un melo e un pero, "plantei uma macieira e uma pereira".

MERCERIA (s.f.)

Não é "mercearia" (em it., *drogheria*) e sim: ARMARINHO.
Vado a comprare i bottoni in merceria, "vou comprar os botões no armarinho".

MESCERE (v.t.)

Em lit. pode ser encontrado com a conotação de: MEXER. Comumente é usado com o sentido de: SERVIR.
Il cameriere mesceva il vino nel bicchiere, "o garçom servia o vinho no copo".
"Mexer", em it., é: *mescolare* | *toccare*.

MESCITA (s.f.)

Não se traduz por "mexida" (em it., *mescolata* | *confusione*) mas por:
VENDA, TABERNA.
Una mescita di vini, "uma venda de vinhos".

MESTIZIA (s.f.)

É: TRISTEZA, MELANCOLIA e não "mestiça" (em it., *meticcia*).

METTERE (v.t., int., pron. e reflex.)

Significa METER, PÔR, COLOCAR (quando usado transitivamente) e DESEMBOCAR (quando usado intransitivamente).
Ha messo al mondo due bei gemelli, "pôs no mundo dois lindos gêmeos".
Questa strada mette in una piazza, "esta rua desemboca em uma praça".
Il Po mette nell'Adriatico, " o Pó desemboca no Adriático".
Na voz reflex. significa:
- COMEÇAR, INICIAR

Si è messo a nevicare ad un tratto, "começou a nevar de repente".
- COLOCAR-SE, PÔR-SE

Si mise subito a piangere, "se pôs logo a chorar".
- CONVIVER

Lucia voleva mettersi con lui, "Lúcia queria conviver com ele".
Este v. adquire significados diversos conforme os s. ou adv. que o seguem:
Mettiamo il caso che l'aereo non parta, "suponhamos que o avião não parta".

M

La sua intervista è stata messa in onda ieri, "a sua entrevista foi ao ar ontem".
Ho messo insieme un po' di soldi, "juntei algum dinheiro".
Quando Piero si deciderà a metter su famiglia?, "quando Piero vai decidir casar-se?"
Ho messo in giro la voce che vendo la mia auto, "espalhei à voz que vendo o meu carro".
Algumas locuções:
Mettere a posto, "colocar no lugar".
Mettere alla porta, "expulsar".
Mettere dentro, "botar na cadeia".
Mettere al corrente, "botar ao par, informar".
Mettere a tacere, "ocultar".
Mettere a nudo, "desvendar".
Quando seguido de *ci* (*metterci*) passa a significar: EMPREGAR, GASTAR, LEVAR (tempo).
Quanto tempo ci mette per arrivare a Trieste?, "quanto tempo leva para chegar a Trieste?".

MIA (poss.f.sing., 1.ª pess.)
Nada tem em comum com o v. "miar", em it., *miagolare*. Significa: MINHA.
La mia casa è grande, "a minha casa é grande".

MICA (s.f. e adv.)
O s. tem o mesmo significado do port.:
MICA, MIGALHA.
Una mica di pane, "uma migalha de pão".
Como adv. é usado para reforçar uma negação:
Non ho mica sonno, "não tenho sono (de forma alguma)".
Nas frases interrogativas ou exclamativas significa: POR ACASO.
Non si sarà mica offeso?, "não estará, por acaso, ofendido?".

MIEI (poss.m.pl., 1.ª pess.)
É: MEUS (ver MIO, para maiores detalhes).
I miei occhi sono verdi, "os meus olhos são verdes".

MIGLIO (s.m.)
Não deve traduzir-se por "milho" (em it., *granturco, mais*) mas por:
■ MILHA
Il miglio marino corrisponde a 1852 m, "a milha marinha corresponde a 1852 m".
Nota: tem pl. irregular: *le miglia*.
Correre le mille miglia, "correr as mil milhas".
■ PAINÇO
Dare il miglio agli uccelli, "dar o painço aos pássaros".

MIMARE (v.t. e int.)
É MIMAR apenas na acepção de "exprimir por mímica" e não na de "tratar com mimo, acarinhar" (em it., *coccolare, vezzeggiare, accarezzare*).
Na forma t.:
Il gioco consisteva nel mimare il titolo di una canzone, "o jogo consistia em mimar o título de uma canção".
Na forma int.:
Oltre a sapere recitare, sa anche mimare, "além de saber interpretar, sabe também mimar (fazer mímica)".
Obs.: existe também uma forma substantiva (s.m.), usada muito raramente, cujo significado é: NO MEIO DO MAR.

MIMO (s.m.)
É: MIMO apenas na acepção teatral:
- farsa popular no antigo teatro greco-romano.
- o ator que representava a farsa.

No sentido de "coisa ou pessoa delicada", em it., é: *moina* | *delicatezza*.

MINIARE (v.t.)
Não é "miniar" (em it., *dipingere con il minio*) e sim: MINIATURIZAR.
Ho miniato un volto di bambino su un medaglione d'oro, " miniaturizei um rosto de criança sobre um medalhão de ouro".

MIO (poss.m.sing., 1.ª pess.)
Significa: MEU.
Il mio gatto è nero, "o meu gato é preto".
Não corresponde, portanto, à 1.ª pess. do ind. pres. do verbo "miar" (em it., *miagolare – io miagolo*).

MIRINO (s.m.)
Não significa "mirim" (em it., *piccolo*) mas: MIRA (de espingarda, pistola, etc.).
Il mirino del fucile, "a mira do fuzil".

MISURA (s.f.)
Traduz-se por: MEDIDA.
Prendere le misure di un vestito, "tomar as medidas de um vestido".
"Mesura", em it., é: *inchino* | *saluto* (embora antigamente significasse também "medida").

MISURARE (v.t., int. e reflex.)
Significa:
- MEDIR

Misurare l'altezza di una persona, "medir a altura de uma pessoa".

M

Il corridoio misura due metri di larghezza, "o corredor mede dois metros de largura".
■ PROVAR
Misurare il vestito da sposa, "provar o vestido de noiva".
■ AVALIAR, CALCULAR
Misurare il valore di qualcosa, "calcular o valor de algo".
Porém, na voz reflex., não difere, em sentido, do port.: CONTER-SE, MODERAR-SE.
Bisogna misurarsi nelle spese, "é preciso conter-se nas despesas".
"Mesurar", em it., é: *complimentare | corteggiare*.

■ MO' (s.m. e adv.)

Forma apocopada de *modo*, usada apenas na loc.: *a mo' di*, traduzível por: COMO, COM A FUNÇÃO DE.
A mo' d'esempio, "como exemplo".
Como adv. é palavra dialetal que se traduz por: AGORA.
Da mo' innanzi, "de agora em diante".
"Mó", em it., é: *mola, macina*.

■ MODISTA (s.f.)

Em it. significa: A QUE FAZ E VENDE CHAPEUS PARA SENHORAS, enquanto em port. é "a que faz vestidos para senhoras" (em it., *sarta*).

■ MOGLIE (s.f.)

É comuníssimo o erro de se traduzir esta palavra por "mulher", por analogia. A tradução correta, no entanto, é: ESPOSA (f. de "marido").
Gianni ha conosciuto la moglie attuale a Lisbona, "Gianni conheceu a atual esposa em Lisboa".
"Mulher" (f. de "homem"), em it., é: *donna*.

■ MOLA (s.f.)

Não é "mola" (em it., *molla*) mas: MÓ.

■ MOLLETTA (s.f.)

É: PINÇA, GRAMPO, PREGADOR.
Le mollette per il ghiaccio, "o pegador para o gelo".
Le mollette per i capelli, "os grampos para os cabelos".
Le mollette per i panni, "os pregadores para a roupa".
Não significa, portanto, "moleta" (em it., *macinello*) nem "muleta" (em it., *stampella*).

■ MONCO (adj.)

Não é "monco" (em it., *muco, moccio*) e sim: MANCO, ALEIJADO, TRUNCADO.
Un uomo monco del braccio sinistro, "um homem aleijado do braço esquerdo".

MONTA (s.f.)
É: ACASALAMENTO (de animais), pois "monta", em it., é: *ammontare* | *valore*.
I cavalli sono pronti per la monta, "os cavalos estão prontos para o acasalamento".

MORBIDO (adj.)
Não é "mórbido" (em it., *morboso*) mas: MACIO.
Avere i capelli morbidi, "ter os cabelos macios".
Há a expressão:
Cadere sul morbido, "não encontrar obstáculos".

MORENA (s.f.)
Significa MORENA (apenas na acepção de: acúmulo de material rochoso, proveniente das geleiras).
Morena laterale, "morena lateral".
Pessoa "morena", em it., é: *bruna*.

MOROSO (adj. e s.m.)
Além de MOROSO (adj.): *debitore moroso*, "devedor em mora", tem o significado de: NAMORADO (s.).
Lei ha un moroso egiziano, "ela tem um namorado egípcio".

MOSCIO (adj.)
Traduz-se por: MOLE, FRACO, DEPRIMIDO.
Questo cappello è moscio, "este chapéu é mole".
Quel ragazzo è un po' moscio, "aquele rapaz é um pouco fraco (sem força moral)".
O adj. "mocho", em it., é: *monco, mutilato* e o s. traduz-se por *gufo*.

MOSSA (s.f.)
- MOVIMENTO

Una mossa sbagliata può costare la vita, "um movimento em falso pode custar a vida".
- JOGADA (xadrez, dama, etc.)

Dare scacco matto in tre mosse, "dar cheque mate em três jogadas".
- SAÍDA, PONTO DE PARTIDA (de corrida de cavalos)

I cavalli sono alla mossa, "os cavalos estão na saída".
- PRESTES A (no sentido fig.)

Essere sulle mosse di fare qualcosa, "estar prestes a fazer algo".
"Mossa", em it., é: *livido* | *tacca*.

MOSSO (adj.)
Não é "moço" (em it., *giovane, ragazzo*) e sim:
- AGITADO

Oggi il mare è mosso, "hoje o mar está agitado".
▪ ONDULADO (cabelo)
Luisa ha i capelli leggermente mossi, "Luísa tem os cabelos levemente ondulados".
▪ FORA DE FOCO (foto)
Questa foto è mossa, "esta foto está fora de foco".

▪ MOSTRINA (s.f.)
É: DISTINTIVO (militar).
Cucire la mostrina sulla giacca della divisa, "costurar o distintivo na manga do uniforme".
Pode ser o diminutivo de *mostra* ("monstra"), termo porém usado muito raramente no f.

▪ MOSTRINO (s.m.)
Pode ser um dos diminutivos da palavra *mostro* e também significa:
MOSTRADOR (de relógio).
Il mio orologio ha il mostrino rotto, "meu relógio tem o mostrador quebrado".

▪ MOTA (s.f.)
Não se trata de "mota" (em it., *giunta* | *argine*) mas de: LAMA.
Scarpe sporche di mota, "sapatos sujos de lama".

▪ MOTORINO (s.m.)
Além de MOTORZINHO (diminutivo de *motore*) é termo muito usado para indicar qualquer tipo de VEÍCULO DE DUAS RODAS MOTORIZADO (MOTONETA, VESPA, LAMBRETA, ETC.).
Ho comprato un motorino di seconda mano, "comprei uma motoneta de segunda mão".

N

NARICE (s.f.)
Não se trata de "nariz" (em it., *naso*) mas de: VENTA, NARINA.
L'aria penetra nelle vie respiratorie dalle narici, "o ar penetra nas vias respiratórias pelas narinas".
Há também, com o mesmo significado, a palavra *nari* (s.f.) usada somente no pl.

NATTA (s.f.)
Traduz-se por: CISTO (sebáceo do couro cabeludo) ou por: ZOMBARIA.
"Nata", em it., é: *panna, crema*.

NE[1] (pron.)
Não é "ene" (letra do alfabeto), em it., *enne*, e não tem equivalente em port. Corresponde ao "en" francês e possui várias traduções possíveis:
■ DELE(S), DELA(S)
Prof. Bianchi, conosce questi scrittori moderni? Tutti ne parlano bene, "prof. Bianchi, conhece estes escritores modernos? Todos falam bem deles".
■ DISSO, DAQUILO, DESTE(S), DESTA(S), DAQUELE(S), DAQUELA(S)
Signora Viale, vuole ancora dello zucchero nel caffè? – No, grazie, non ne voglio più, "senhora Viale, quer ainda açúcar no café? – Não, obrigada, não quero mais (disso)".
■ Com valor partitivo geralmente não se traduz:
Quante sigarette hai fumato? – Ne ho fumate due, "quantos cigarros fumastes? – Fumei dois".
Obs.: às vezes possui valor pleonástico:
Signori, che ne dite di questo quadro?, "senhores, o que acham deste quadro?".

N

Unido a alguns v. serve para tornar o significado mais expressivo:
Non ne vale la pena, "não vale a pena" – *Non ne posso piú*, "não agüento mais".

NE² (adv.)

Também tem o equivalente em francês ("en"), com o mesmo significado do it. Indica o lugar de proveniência:
DE LÁ, DALI, DAQUI.
Vieni da Roma? – Sì, ne vengo, "vens de Roma? – Sim, venho (de lá)".
Às vezes seu uso é pleonástico:
Me ne vado subito, "vou logo embora (daqui)".

NÉ (conj.)

Tem função negativa. Corresponde a: NEM.
Non ho trovato né lui né lei, "não encontrei nem ele nem ela".

NEGOZIO (s.m.)

Além de NEGÓCIO significa: LOJA.
L'acquisto di quella merce è stato un buon negozio, "a compra daquela mercadoria foi um bom negócio".
Hanno aperto un negozio di calzature vicino alla farmacia, "abriram uma loja de sapatos perto da farmácia".

NELLE (contração da prep. *in* + *le*, f.pl.)

É: NAS e não "nele".
Mettere il vino nelle bottiglie, "colocar o vinho nas garrafas".

NEO (s.m.)

Além de ser elemento de composição, designativo de "novo" (*neorealismo*), também denota: SINAL, MANCHA NA PELE.
Ha un neo sul collo, "tem um sinal no pescoço".

NETTARE¹ (s.m.)

É: NÉCTAR.
Il nettare dei fiori attira gli insetti, "o néctar das flores atrai os insetos".

NETTARE² (v.t.)

Significa: LIMPAR.
Nettare i denti, "limpar os dentes".

NETTO (adj.)

Não se trata de "neto" (em it., *nipote*) e sim de: LIMPO.
Una camicia netta, "uma camisa limpa".

Assume, porém, outras conotações, nas expressões:
Peso netto, "peso líquido".
Taglio netto, "corte nítido".
Netto di spese, "livre de despesas".
Parlare netto, "falar claro".

NITRITO (s.m.)
É: NITRITO (sal ácido nitroso) e também NITRIDO, RELINCHO.
Ho sentito il nitrito dei cavalli, "ouvi o relincho dos cavalos".

NULLA (pron., s.m.inv., adv. e adj.f.)
Além de NULA (adj.f.) significa: NADA.
Non ho visto nulla, "não vi nada" (pron.).
Quell'uomo ha creato una fortuna dal nulla, "aquele homem criou uma fortuna do nada" (s.m.inv.).
Ho l'impressione che non conto nulla per te, "tenho a impressão de que não valho nada para você" (adv.).

O

■ O (conj.)
Não é o art.def.m.s. "o" (em it., *il, l', lo*) mas a conj.adv.: OU.
Non so se bere vino o birra, "não sei se vou beber vinho ou cerveja".
Pode ganhar um "d" eufônico se a palavra seguinte começar por vogal, principalmente por "o": *sono sette od otto?*, "são sete ou oito?".

■ OCA (s.f.)
É:
- ■ GANSO

Penna d'oca, "pena de ganso".
- ■ PALERMA, TOLO

Una persona oca, "uma pessoa tola".
A expressão: *avere la pelle d'oca* deve ser traduzida por "arrepiar-se".
Ecco fatto in becco all'oca, trata-se de expressão burlesca dita ao terminar um trabalho: "pronto, está feito".
"Oca", por ser termo de origem tupi ("palhoça de índios"), não existe em it. Pode ser traduzida por: *capanna di indigeni*.

■ OCCORRERE (v.int.)
Como em port.: OCORRER, no sentido de ACONTECER.
In questa casa occorrono cose strane, "nesta casa acontecem coisas estranhas".
É também: PRECISAR, NECESSITAR.
Non mi occorre nulla, "não preciso de nada".
Mi è occorso molto burro per fare il sugo, "necessitei de muita manteiga para fazer o molho".

O

■ OLIARE (v.t.)
Deve ser traduzido por: UNTAR.
È necessario oliare lo stampo, "é necessário untar a forma".
"Olhar", em it., é *guardare*.

■ OLIERA (s.f.)
Não é "olheira" (em it., *occhiaia*) mas: GALHETEIRO.
Devo mettere l'oliera in tavola?, "devo colocar o galheteiro na mesa?".

■ OPERA (s.f.)
Além de ÓPERA (música) significa: OBRA, TRABALHO.
L'opera di Puccini ha avuto molto successo alla Scala di Milano, "a ópera de Puccini teve muito sucesso no Scala de Milão".
È stata pubblicata tutta l'opera di Pirandello, "foi publicada toda a obra de Pirandello".
Per fare il bilancio ha avuto bisogno dell'opera di un esperto, "para fazer o balanço precisou do trabalho de um perito".
Manodopera significa: "mão-de-obra".

■ ORA (adv. e s.m.)
É: AGORA.
Ora mi sento meglio, "agora sinto-me melhor".
Quando é s. tem o mesmo significado do port.: HORA.
Vorrei sapere l'ora esatta, "queria saber a hora exata".
Há as expressões:
Di buon'ora, "de manhã cedo".
L'ora di punta, "a hora do rush".
Fare le ore piccole, "ficar acordado até de madrugada".

P

PACCO (s.m.)
Não se trata de "paco" (o conto do paco, usado por vigaristas) mas de: PACOTE.
Ha portato il pacco?, "trouxe o pacote?".

PADRE (s.m.)
É: PADRE e também PAI.
Mio padre è italiano, "meu pai é italiano".
Nota: quando é usado no sentido de "padre", geralmente é:
a) vocativo: *Padre, mi ascolti!*, "Padre, me ouça!".
b) acompanhado do nome próprio: *Padre Giovanni*, "Padre Giovanni".

PADRONE (s.m.)
Não é "padrão" (em it., *modello, campione*) e sim: PATRÃO.
Legare l'asino dove vuole il padrone, "fazer a vontade do patrão" (literalmente: "amarrar o burro onde o patrão quer").

PAESE (s.m.)
Além de PAÍS tem várias outras conotações: NAÇÃO, PÁTRIA, ALDEIA, CIDADE NATAL, REGIÃO.
Molti italiani lavorano in Pesi del Terzo Mondo, "muitos italianos trabalham em países do Terceiro Mundo".
Voglio tornare al mio paese, "quero voltar para a minha cidade natal".
Notar as expressões:
Tutto il mondo è paese, "o mundo todo é igual".
Mandare a quel paese, "mandar para o inferno".

P

PAIO (s.m.)
Não é "paio" (em it., *soppressata*) mas: PAR.
Ho comprato un paio di scarpe, "comprei um par de sapatos".
Há as expressões:
È un altro paio di maniche!, "é uma outra coisa, bem diferente!".
Fanno una coppia e un paio, "diz-se de pessoas que se dão muito bem".
Obs.: tem pl. irregular: *le paia* (f.).

PAIOLO (s.m.)
Traduz-se por: CALDEIRÃO, pois "paiol", em it., é: *polveriera*.
Fare la minestra nel paiolo, "fazer a sopa no caldeirão".

PALA (s.f.)
É: PÁ, pois "pala", em it., é *visiera | tonnaio*.
Lavorare la terra con la pala, "trabalhar a terra com a pá".

PALESTRA (s.f.)
Deve ser traduzido por: GINÁSIO, ACADEMIA, SALÃO PARA GINÁSTICA OU OUTROS ESPORTES.
Faccio ginnastica in palestra, "faço ginástica na academia".
"Palestra", em it., é: *discorso, conversazione*.

PALLA (s.f.)
Traduz-se por: BOLA, pois "pala", em it., é: *visiera | tonnaio*.
Andiamo a giocare a palla, "vamos jogar bola".
Há várias expressões com esta palavra:
Non essere in palla, "não estar em forma".
Prendere la palla al balzo, "esperar a ocasião favorável".
Fare a palle e santi, "jogar cara ou coroa".
Palla nera, "bola preta, voto contrário".
Palla di lardo, "pessoa muito gorda".
Porre la palla in mano, " dar a oportunidade"
Obs.: compõe o nome de esportes jogados com a bola: *pallavolo*, "voleibol"; *pallacanestro*, "basquete"; *pallamano*, "handball"; *pallanuoto*, "pólo aquático".

PANCA (s.f.)
É: ASSENTO, BANCO, pois "panca", em it., é *palanca*.
Sedersi sulla panca, "sentar-se no banco".
No sentido fig.:
Far ridere le panche, "cometer um erro colossal".
Scaldare le panche, " freqüentar a escola sem vontade".

PANE (s.m.)

É: PÃO e não "pane" (em it., *panne* ou *panna*).
Mangiare pane e burro, "comer pão com manteiga".
Pan di Spagna, "pão-de-ló".
Pan grattato, "farinha de rosca".
Pane a cassetta, "pão de forma".
Pane di metallo, "lingote".
No sentido fig.:
Rendere pane per focaccia, "vingar-se".
Essere pane e cacio con qualcuno, "estar ligado de profunda amizade com alguém".
Mangiare il pane a ufo, "viver às custas de outrem, sem trabalhar".
Vendere qualcosa per un tozzo di pane, "vender algo muito barato".
Non è pane per i tuoi denti, "isto não é para você".
Dire pane al pane e vino al vino, " falar claramente, dar nome aos bois".
Se non è zuppa, è pan bagnato, "é a mesma coisa, não tem nenhuma diferença".
Far cascare il pan di mano, " desmoralizar e desencorajar ao máximo".

PANICO/PANICO (s.m.)

É:
▪ PÂNICO quando a tônica cai sobre a primeira sílaba (/pánico/).
La folla è in panico, "a multidão está em pânico".
▪ PAINÇO quando a tônica cai sobre a segunda sílaba (/paníco/).
Ho già dato il panico all'uccellino, "já dei o painço ao passarinho".

PARA (s.f.)

Na realidade, é um nome próprio que tem sua origem no Estado do Pará, onde nasce o caucho, cujo látex dá uma borracha de qualidade inferior.
Traduz-se, portanto, por: BORRACHA (VARIEDADE DE).
Scarpe con suola di para, "sapatos com sola de borracha".

PARARE (v.t., int. e reflex.)

É PARAR apenas na forma intransitiva.
Dove andremo a parare?, "onde iremos parar?".
Na forma transitiva:
▪ ENFEITAR, ORNAMENTAR
Parare il cavallo per la sfilata, "ornamentar o cavalo para o desfile".
▪ DEFENDER, PROTEGER
Il portiere ha parato un rigore, "o goleiro defendeu um pênalti".
L'ombrello para la pioggia, "o guarda-chuva protege da chuva".
Na voz reflex.: ENFEITAR-SE | DEFENDER-SE.
Il parroco si para per la celebrazione della Messa, "o pároco se enfeita para a celebração da missa".

P

Devo imparare a pararmi, "devo aprender a defender-me".
"Parar", em it., é: *fermare, finire*.

PA**RA**TA (s.f.)
Significa: PARADA (militar) | DE GALA | DEFESA.
Domani c'è la parata militare, "amanhã tem parada militar".
Il Comandante ha messo l'uniforme da parata, "o comandante colocou o uniforme de gala".
Il portiere ha fatto una bella parata, "o goleiro fez uma bela defesa".
Termo usado também na esgrima e no boxe: movimento para defender-se dos golpes do adversário.

PAR**CEL**LA (s.f.)
Não é "parcela" (em it., *particella*) mas: HONORÁRIOS.
La parcella dell'avvocato, "os honorários do advogado".

PARCO¹ (adj.)
É: PARCO.
Questo è un pasto abbastanza parco, "esta é uma refeição bastante parca".

PARCO² (s.m.)
Traduz-se por: PARQUE.
Passeggiare nel parco, "passear no parque".

PARI (adj.inv. e s.m.)
Deve ser traduzido por:
- PAR (quando se trata de matemática)

I numeri pari, "os números pares".
Possui também o significado de:
- IGUAL

Tutte le dita non sono pari, "todos os dedos não são iguais".
Mostrò un coraggio pari alla sua astuzia, "mostrou uma coragem igual à sua astúcia".
- EMPATADO

La partita è pari, "o jogo está empatado".
Far pari, "empatar".
Notar as expressões:
A pié pari, "de pés juntos".
Abitare alla pari, "trabalhar sem receber ordenado, mas apenas moradia e comida".
Senza pari, "incomparável, excelente".
Mettersi in pari, "atualizar-se".
Obs.: como s.m. significa: EMPATE.
Basta un pari per vincere il campionato, "basta um empate para ganhar o campeonato".

PASTA (s.f.)
Pode ser traduzido por:
- PASTA

Pasta di nocciole, "pasta de avelãs".
- MASSA, MACARRÃO

Spianare la pasta col matterello, "estender a massa com o rolo".
- DOCE

Mangiare una pasta alla crema, "comer um doce com creme".
"Pasta", em it., é: *portafoglio, cartella.*
Há as expressões:
Pasta sfoglia, "massa folhada".
Pasta frolla, "massa podre".
Avere le mani di pasta frolla, "deixar cair as coisas das mãos".
Quell'uomo è una buona pasta, "aquele homem tem um bom caráter".
Essere di un'altra pasta, "ser diferente".

PASTEGGIARE (v.int.)
Não deve ser traduzido por "pastejar" (em it., *pascere, pascolare*) mas por: COMER.
Pasteggiare a vino rosso, "comer bebendo vinho tinto".

PASTO (s.m.)
Esta palavra não significa "pasto" (em it., *pascolo*) e sim:
REFEIÇÃO.
I pasti sono tre: prima colazione, pranzo e cena, "as refeições são três: desjejum, almoço e jantar".

PATTA (s.f.)
É: EMPATE e não "pata" (em it., *zampa | anatra*).
Abbiamo fatto patta, "tivemos empate".
Há a expressão:
Star pari e patta, "estar quites".

PATTINA (s.f.)
Não se trata de "pátina", nem do diminutivo de "pata" (em it., *zampetta | anatroccolo*).
Traduz-se por: PEGADOR (de panela).
Ho fatto una pattina con i resti della lana, "fiz um pegador com os restos da lã".
No pl., *le pattine* são: PANTUFAS (feitas de feltro, para não sujar o chão encerado, como as do Museu Imperial de Petrópolis).
In quel museo si entra solo con le pattine, "naquele museu só se entra com pantufas".
A tônica das duas palavras cai sobre o **i**: /pattína – pattíne/, enquanto a 1.ª pess.sing. do pres.ind. do v. *pattinare* tem o acento tônico no primeiro **a**: /páttina/.

P

PATTO (s.m.)
Não é "pato" (em it., *anatra*) mas: PACTO.
Fare un patto, "fazer um pacto".
Obs.: *a patto che*, "contanto que".
Presto la valigia a tuo fratello a patto che non la rovini, "empresto a mala ao teu irmão contanto que não a estrague".

PECORA (s.f.)
Não se trata de "pécora" (em it., *donna spregevole, meretrice*) e sim de: OVELHA.
È mansueto come una pecora, "é manso como uma ovelha".
Existe a expressão:
Chi pecora si fa, il lupo lo mangia, "quem não se defende será vítima dos prepotentes".

PEDESTRE (adj.)
Pode significar: PEDESTRE.
Statua pedestre, "estátua pedestre".
Mas geralmente deve ser traduzido por: HUMILDE, POBRE, BANAL, DE BAIXO NÍVEL.
Ha fatto un discorso pedestre, "fez um discurso banal".
"Pedestre" (s.m.), em it., é: *pedone*.

PERCHÉ (conj.)
Equivale a: PORQUE, POR QUE, PORQUÊ, POR QUÊ, PARA QUE.
Não existe diferença, em it., entre a pergunta e a resposta:
Perché sei così stanco? – Perché ho lavorato molto, "por que estás tão cansado? – Porque trabalhei muito".
Mi ha chiamato perché lo aiutassi, "chamou-me para que o ajudasse".

PERITO (s.m., adj. e part.pass. de *perire*)
Como s. e adj. tem o mesmo significado do port.: PERITO.
Per valutare questo quadro ci vuole un perito, "para avaliar este quadro é necessário um perito".
Como part.pass. do v. *perire*, significa: MORTO.
I ragazzi periti nell'incidente aereo sono molti, "os rapazes mortos no acidente aéreo são muitos".

PESCA (s.f.)
Quando o e é aberto significa: PÊSSEGO.
Una pesca squisita, "um pêssego delicioso".
Quando o e é fechado tem o mesmo significado do port.: PESCA.
La pesca del tonno, "a pesca do atum".

PESTE (s.f.)
É: PESTE.
Un'epidemia di peste, "uma epidemia de peste".
Quel bambino è una peste, "aquele menino é uma peste"
Há, porém, as expressões:
Dire peste e corna di qualcuno, "falar muito mal de alguém".
Seguire le peste, "seguir as pegadas".
Essere nelle peste, "estar em apuros".
Obs.: nos dois últimos exemplos, *"peste"* é pl. de *pesta*, "pegada".

PIA (adj.)
É o f. de *pio*, que deve ser traduzido por: DEVOTA | CARIDOSA.
Una donna pia, "uma mulher devota".
Una mano pia, "uma mão caridosa".
"Pia" (s.), em it., é: *lavandino, acquaio*.

PIADA (s.f.)
Não é "piada", em it., *barzelletta*.
Trata-se de: ESPÉCIE DE PIZZA TÍPICA DA EMILIA ROMAGNA (rodela de pão ázimo assada numa chapa de pedra muito quente).
Obs.: este termo é mais usado no diminutivo: PIADINA.

PIANO[1] (s.m.)
Tem várias traduções possíveis:
- PLANO

Il piano orizzontale, "o plano horizontal".
- PROJETO

Il piano di lavoro, "o projeto de trabalho".
- ANDAR

Abita al terzo piano, "mora no terceiro andar".
Pian terreno, "andar térreo".
- PLANTA (Arquitetura)

Il piano dell'edificio, "a planta do edifício".
- PIANO (instrumento musical)

Suonare il piano (abreviação de *pianoforte*), "tocar piano".
- NÍVEL

Il piano delle acque, "o nível das águas".

PIANO[2] (adj.)
PLANO.
Un terreno piano, "um terreno plano".

PIANO³ (adv.)

- DEVAGAR, LENTAMENTE

Piano, piano si va lontano, "devagar se vai ao longe".

- BAIXO, EM VOZ BAIXA

Non gridate ragazzi, parlate più piano!, "não gritem, meninos, falem mais baixo!"

Obs.: *piano piano* significa também: POUCO A POUCO.

Vedrai che piano piano le cose andranno meglio, "verás que pouco a pouco as coisas vão melhorar".

PINA (s.f.)

Não é "pina" (em it., *quarto della ruota*) e sim: PINHA.

Dentro la pina ci sono i pinoli, "dentro da pinha há os pinhões".

PINNA (s.f.)

Traduz-se por: BARBATANA.

Le pinne dei pesci, "as barbatanas dos peixes".

Pode significar também: PÉ-DE-PATO.

Riesco a nuotare solo con le pinne, "só consigo nadar com o pé-de-pato".

"Pina", em it., é: *quarto della ruota*.

PINO (s.m.)

Não se trata de "pino" (em it., *zeppa, perno della cerniera*) mas de: PINHO, PINHEIRO.

Un bosco di pini, "um bosque de pinheiros".

PIPA (s.f.)

Não é "pipa" (em it., *aquilone*) mas: CACHIMBO.

Il nonno sta fumando la pipa, "o vovô está fumando cachimbo".

PISCIARE (v.t. e int.)

Na forma int. é: URINAR e não "pixar" (em it., *impeciare*).

È proibito pisciare sul muro, "é proibido urinar no muro".

No sentido fig.: *pisciare sopra*, "desprezar".

Na forma t. (termo vulgar): VAZAR.

Un recipiente che piscia da tutte le parti, "um recipiente que vaza de todos os lados".

PITOCCO (adj.)

Deve ser traduzido por: POBRE, AVARENTO, pois "pitoco", em it., traduz-se por *mozzo*.

È un pitocco, "é um avarento".

PO' (adv.)

Trata-se da abreviação da palavra *poco*, em port.: POUCO.

Un po' di caffè não é, portanto, "pó de café", mas: "um pouco de café".

POCHETTE (s.f.inv.)
Esta palavra, de origem francesa, em it. denota: PEQUENA BOLSA DE MULHER.
A bolsa que no Brasil é chamada de "pochete" (levada na cintura), em it., é: *marsupio*.

PODERE (s.m.)
É: SÍTIO, QUINTA e não "poder" (em it., *potere*).
Coltivare un podere, "cultivar um sítio".

POLLA (s.f.)
Não é "pola" (em it., *castigo | rampollo*) mas: MINA, MANANCIAL.
Una polla d'acqua, "uma mina de água".

POLTRONE (adj.)
Por se tratar de adj., não é pl. de *poltrona* (s.f.). Significa: MANDRIÃO, INDOLENTE.
Un lavoratore poltrone, "um trabalhador indolente".
Nota: em port. a palavra "poltrão", apesar de proceder do it., assumiu a conotação de: "covarde, medroso".

POLVERE (s.f.)
Além de PÓLVORA, tem também o significado de: PÓ, POEIRA.
La polvere del fucile, "a pólvora do fuzil".
Togliere la polvere dai mobili, "tirar o pó dos móveis".
Polvere d'angelo, "cocaína".
Há as expressões:
Dar fuoco alle polveri, "iniciar as hostilidades".
Ridurre qualcuno in polvere, "destruir alguém".
Sentire odore di polvere, "pressentir uma luta iminente".
Tornare in polvere, "morrer".

POMPA (s.f.)
Pode ser tanto: POMPA como BOMBA (exceto "artefato militar").
La pompa della cerimonia, "a pompa da cerimônia".
La pompa aspirante, "a bomba aspirante".
La pompa di benzina, "a bomba de gasolina".

POMPARE (v.t.)
Não é "pompear" (em it., *sfoggiare, ostentare*) e sim BOMBEAR.
Pompare l'acqua, "bombear a água".

P

POPPA (s.f.)
É:
- POPA
La poppa della nave, "a popa do navio".
- MAMA, PEITO
Dare la poppa, "dar o peito, amamentar".

POPPARE (v.t.)
Não é "poupar" (em it., *risparmiare*) mas: MAMAR.
Il bambino poppa, "o menino mama".

PORCA (s.f.)
Não se trata de "porca" (de parafuso), em it., *madrevite*, mas de:
- PORCA (fêmea do porco)
La porca non ha ancora mangiato, "a porca ainda não comeu".
- LEIRA, CAMALHÃO (Agricultura)
Porca pronta per la semina, "leira pronta para a semeadura".

PORRE (v.t.)
Trata-se do v. PÔR e não do s. "porre" (em it., *sbornia*).
Devo porre i vestiti nella valigia, "devo pôr os vestidos na mala".

PORTAFOGLIO (s.m.)
Esta palavra apresenta vários significados:
- PORTFÓLIO
Mettere le stampe nel portafoglio, "colocar as estampas no portfólio".
- PASTA
Ministro senza portafoglio, "ministro sem pasta".
Mettere i documenti nel portafoglio, "colocar os documentos na pasta".
- CARTEIRA (de dinheiro)
Un portafoglio pieno di soldi, "uma carteira cheia de dinheiro".

PORTATA (s.f.)
Pode significar tanto ALCANCE como PRATO.
Non è alla portata di mano, "não está ao alcance da mão".
Hanno servito due portate di carne, "Serviram dois pratos de carne".
"Portata", em it., é: *portone*.

POSATA (s.f.)
É: TALHER, pois "pousada", em it., é: *locanda, fermata*.
Mettere le posate in tavola, "colocar os talheres na mesa".

POSCIA (adv.)
Trata-se de termo lit. que deve ser traduzido por: DEPOIS.
Poscia mi venne il dubbio, "depois veio-me a dúvida".
"Poxa", em it., é *accidenti, accipicchia*.

POSSESSO (s.m.)
Não é "possesso" (em it., *indemoniato, posseduto dal demonio*) mas: POSSE, POSSESSÃO, PROPRIEDADE.
Non riesco ad ottenere il possesso, "não consigo obter a posse".
Mi ha fatto vedere i suoi possessi, "mostrou-me as suas propriedades".

POSTA (s.f.)
Também esta palavra possui várias traduções possíveis:
- CORREIO

Devo andare alla posta, "devo ir ao correio".
- APOSTA

Ha raddoppiato la posta, "dobrou a aposta".
- POSTO

La posta della sentinella, "o posto da sentinela".
- POSTA, PARADA

Viaggio in tre poste, "viagem com três paradas".
- DE PROPÓSITO (quando a prep. "a" é anteposta)

Non l'ho fatto a posta, "não o fiz de propósito".
No sentido fig.: VIGIAR (precedido do v. *fare*)
Fare la posta ad una persona, "vigiar uma pessoa".

PRATICA (s.f.)
De modo geral traduz-se por PRÁTICA, porém esta palavra, no pl., tem também o significado de DOCUMENTOS | NEGÓCIOS | EXPEDIENTES.
Sto facendo le pratiche per il passaporto, "estou fazendo os documentos para o passaporte".

PRATO (s.m.)
É: GRAMADO, PRADO, CAMPO e não "prato" (em it., *piatto*).
Fare un pic-nic sul prato, "fazer um piquenique no campo, no gramado".

PRECISARE (v.t.)
É: PRECISAR no sentido de "tornar preciso, indicar com exatidão" e não no de "necessitar" (em it., *avere bisogno, necessitare*).
Deve precisare l'ora del volo, "deve precisar a hora do vôo".

PREFETTO (s.m.)
Não corresponde ao "prefeito" (em it., *Sindaco*) pois a divisão política italiana é diferente. Pode traduzir-se por: CHEFE DE PROVÍNCIA.

PREGARE (v.t.)
Não é "pregar" (em it., *fissare, inchiodare, incollare* | *piegare*) mas:
- PEDIR, ROGAR, SUPLICAR
La prego di sedersi, "peço-lhe que se sente".
- REZAR
Prego Dio che mi aiuti, "rezo a Deus para que me ajude".

PREGO (interj.)
Termo usado como fórmula de cortesia, respondendo a quem agradece:
Grazie! – Prego, "Obrigada! – De nada".
Ou a quem pede desculpa:
Scusi! – Prego!, "Desculpe! – Não tem de quê!".
Ou convidando alguém a entrar, sentar-se, aceitar algo:
Prego, si sieda!, "Por favor, sente-se!".
Quando interrogativo, é usado para pedir que alguém repita algo que não foi compreendido.
Prego, vuole ripetere?, "Por favor, queira repetir?".
"Prego" (s.m.), em it., é: *chiodo*.

PRENDERE (v.t., int., pron. e reflex.)
É um v. que requer traduções variadas, segundo o caso:
- PRENDER
La polizia ha preso il ladro, "a polícia prendeu o ladrão".
- PEGAR, APANHAR
Prendi questo dono, "pega este presente".
- TOMAR
Cosa prendiamo?, "o que vamos tomar?".
- ROUBAR
Hanno preso i miei soldi, "roubaram meu dinheiro".
- PEGAR, ENRAIZAR-SE (int.)
Il fiore che ho piantato, ha preso, "a flor que plantei, pegou".
Como v.pron.: AGARRAR-SE, SEGURAR-SE.
Per non cadere si prese al mio braccio, "para não cair, agarrou-se ao meu braço".
Na voz reflex.: ATRACAR-SE.
Prima si presero per i capelli, poi fecero la pace, "primeiro atracaram-se pelos cabelos, depois fizeram as pazes".
Este v. é usado em muitas loc.:
Prendere il cappello, "zangar-se, irritar-se".

Prendere la Laurea, "formar-se, diplomar-se".
Prendere uccelli, lepri, etc., "caçar pássaros, lebres, etc."
Prendere pesci, "pescar".
Prendere in considerazione, "levar em consideração".
Prendere il velo, "tornar-se freira".
Prendere la mano, "praticar".
Prendere piede, "tomar pé (de uma situação)".
Prendere lo stipendio, "receber o salário".
Prendere a cuore, "levar a peito".
Prendere in affitto, "alugar".
Prendere la porta, "sair".
Prendere le scale, "subir".
Prendere il volo, "voar".
Prendere possesso, "tomar posse".
Prendere di mira, "observar atentamente".
Prendere una gatta a pelare, "meter-se em encrencas".
Prendere il toro per le corna, "enfrentar uma situação difícil".
Prendere per il naso, "enganar".
Prendere in giro, "caçoar".
Prendere a pugni, "socar".
Prendere moglie (marito), "casar".
Prendere lucciole per lanterne, "pegar gato por lebre – enganar-se".
Prenderle, "apanhar (uma surra)".
Prendersela con qualcuno, "zangar-se com alguém".
Prendersela calda, "fazer algo com entusiamo excessivo".

PRESA (s.f.)
Pode ser:
- PRESA

Il cane è arrivato con la presa in bocca, "o cachorro chegou com a presa na boca".
- TOMADA (elétrica | conquista)

La presa (di corrente) è bruciata, "a tomada está queimada".
Il 14 luglio si commemora la presa della Bastiglia, "no dia 14 de julho comemora-se a tomada da Bastilha".
- PITADA

Ci vuole una presa di sale sull'insalata, "falta uma pitada de sal na salada".
Há também:
Presa in giro, "deboche".
Venire alle prese, "brigar".
Essere alle prese con, "estar às voltas com".
Presa di cucina, "pegador de panela".

■ PRESIDIO (s.m.)

Não se trata de "presídio" (em it., *prigione*) mas de:
■ GUARNIÇÃO MILITAR
Ecco il Comandante del presidio, "eis o comandante da guarnição militar".
■ DEFESA, PROTEÇÃO
A presidio della morale, "em defesa da moral".
Há também a expressão:
Stare di presidio, "estar de guarda".

■ PRESSA (s.f.)

Raramente pode apresentar o sentido de "pressa" (em it., geralmente: *fretta, premura*).
É mais comumente traduzível por:
■ MULTIDÃO
In piazza c'è una gran pressa, "há na praça uma grande multidão".
■ PRENSA
La pressa idraulica, "a prensa hidráulica".

■ PRESTARE (v.t., reflex. e pron.)

Não é "prestar" no sentido de "ser útil, valer" (em it., *essere utile, valere*).
Significa: EMPRESTAR.
Devo prestare il libro di tedesco a Carlo, "devo emprestar o livro de alemão a Carlo".
Na voz reflex.: AJUDAR.
Si è prestato molto durante la malattia del suocero, "ajudou muito durante a doença do sogro".
Na forma pron.: PRESTAR-SE, SERVIR.
Questo legno non si presta per mobili, "esta madeira não serve para móveis".
Há as expressões:
Prestare orecchio, "ouvir".
Prestare giuramento, "jurar".

■ PRESTO (adv.)

Tem o sentido geral (e não apenas musical) de:
DEPRESSA, RAPIDAMENTE | CEDO | LOGO.
Vieni presto, ti sto aspettando, "vem depressa, estou te esperando".
Si stanca presto, "cansa-se rapidamente".
Resta, è ancora presto, "fique, ainda é cedo".
Se continua a spendere, andrà presto in rovina, "se continuar a gastar, ficará logo arruinado".
Presto o tardi, "mais cedo ou mais tarde".

PRESUNTO (adj.)

Não se trata de "presunto" (em it., *prosciutto*) mas de: PRESSUPOSTO.
Lui è il presunto assassino, "ele é o pressuposto assassino".

PRETE (s.m.)

Significa: PADRE, SACERDOTE.
No pl. pode levar a falsas interpretações:
I preti non possono sposarsi, "os padres (e não os pretos) não podem casar-se".
Notem: a expressão *boccone del prete* não deve ser traduzida por "bocão do padre" mas por: "comida particularmente deliciosa".

PRETTO (adj.)

É: PURO, GENUÍNO, e não "preto" (em it., *nero, negro*).
Parlare in pretto fiorentino, "falar em puro florentino".

PRETURA (s.f.)

É: PRETORIA e não "pretidão" (em it., *nerume*).
I furti vengono giudicati in pretura, "os furtos são julgados na Pretoria".

PRIMA[1] (adv.)

É: ANTES, PRIMEIRO e não "prima" (em it., *cugina*).
È arrivato prima lui, "ele chegou antes".
Prima lo studio, poi il divertimento, "primeiro o estudo, depois a diversão".
Notar as expressões:
Prima o poi, "mais cedo ou mais tarde".
Quanto prima, "o quanto antes".
Di prima, "de outrora".
Questi sono i costumi di prima, "estes são os costumes de outrora".
Fare prima, "ser mais rápido".
Fai prima a venire a piedi, "é mais rápido vir a pé".

PRIMA[2] (s.f.)

- AVANT PREMIÈRE

Sono stata invitata alla prima di un film, "fui convidada para o avant première de um filme".

- PRIMEIRA (marcha do carro)

Non riesco a mettere la prima, "não consigo engatar a primeira".

- PRIMA (posição de esgrima)

"Prima", em it., é: *cugina*.

PRIMO (adj.)
Não é "primo" (em it., *cugino*) e sim: PRIMEIRO.
Il primo re di Roma, "o primeiro rei de Roma".

PROCURA (s.f.)
Não se trata de "procura" (em it., *ricerca*) mas de: PROCURAÇÃO, PROCURADORIA.
Si sono sposati per procura, "casaram-se por procuração".
Procura di Stato, "Procuradoria".

PROCURARE (v.t.)
Não é exatamente "procurar" (em it., *cercare*) mas:
- OBTER

Se volete posso procurarvi l'invito, "se quiserem posso obter o convite".
- PROVIDENCIAR

Procura che sia tutto pronto per le otto, "providencia que esteja tudo pronto para as oito".
- PROVOCAR, CAUSAR

La siccità ha procurato gravi danni all'agricoltura, "a seca provocou graves danos à agricultura".

PROPOSIZIONE (s.f.)
Além de PROPOSIÇÃO significa também: ORAÇÃO (gramática).
Una proposizione semplice è formata da un soggetto e un predicato, "uma oração simples é formada por um sujeito e um predicado".

PROPRIO (adj. e adv.)
Como adj. tem o mesmo sentido do port. Como adv. tem um valor de reforço e significa: EXATAMENTE | REALMENTE.
È proprio quello che cercavo, "é exatamente o que eu estava procurando".
Era stata proprio lei a telefonare, "tinha sido ela, realmente, a telefonar".
Nas frases negativas passa a significar: ABSOLUTAMENTE.
Non ne ho proprio voglia, "não tenho absolutamente vontade".
Non mi interessa proprio, "não me interessa absolutamente".

PROVA (s.f.)
É: PROVA e também ENSAIO.
Ho fatto una prova difficile, "fiz uma prova difícil".
Oggi è il giorno della prova generale, "hoje é o dia do ensaio geral".

PROVARE (v.t.)
Além de PROVAR, pode também ser traduzido por:
- TENTAR

Ho provato a cambiare mestiere, "tentei mudar de profissão".

ENFRAQUECER
La malattia lo ha molto provato, "a doença enfraqueceu-o muito".
SENTIR
Provare gioia, collera, "sentir alegria, raiva".

PULA (s.f.)

Nada tem em comum com o v. "pular" (em it., *saltare*). Trata-se de termo que significa: FOLHELHO | CASCABULHO.

PULIZIA (s.f.)

Não é "polícia" (em it., *polizia*) e sim: LIMPEZA.
È arrivata la donna della pulizia, "chegou a mulher da limpeza".

PUTTO (s.m.)

Às vezes esta palavra nada tem em comum com o homônimo "puto". Pode ser traduzida, neste caso, por:
MENINO, CRIANÇA (geralmente pintado ou esculpido), ANJINHO.
Un putto di marmo, "um menino esculpido em mármore".
La Madonna con il puttino, "a Madona com a criancinha".

Q

QUADRIGLIA (s.f.)
Traduz-se por QUADRILHA quando se referir a:
a) dança
b) grupo de quatro cavalheiros que participam de um torneio.
Quando, porém, significar: "bando de ladrões", não, pois, em it., é: *banda di ladri*.

QUADRO[1] (s.m.)
Tem as seguintes traduções:
- QUADRO (obra de arte – subdivisão de ato de peça teatral)

Un quadro dipinto da Leonardo da Vinci, "um quadro pintado por Leonardo da Vinci".
Il secondo atto della commedia è diviso in tre quadri, "o segundo ato da comédia é dividido em três quadros".
- TABELA, PAINEL

Un quadro con i dati tecnici, "uma tabela com os dados técnicos".
Un quadro di controllo, "um painel de controle".
Obs.: no pl. denota o naipe de "ouros".
Un sette di quadri, "um sete de ouros".

QUADRO[2] (adj.)
Significa:
- QUADRADO

La camera ha dodici metri quadri, "o quarto tem doze metros quadrados".
- ROBUSTO, LARGO, FORTE

Quel ragazzo ha le spalle quadre, "aquele rapaz tem os ombros largos".
Testa quadra, "cabeça forte (no raciocínio)".

Q

■ QUALCHE (adj.inv.)
Não é "qualquer" (em it., *qualunque, qualsiasi*) mas:
ALGUM, ALGUMA, ALGUNS, ALGUMAS.
Ho fatto qualche sbaglio nel dettato?, "fiz algum erro no ditado?".
Ho ricevuto la lettera qualche mese fa, "recebi a carta alguns meses atrás".
Qualche cosa (ou *qualcosa*) significa "alguma coisa".
Mi avete portato qualcosa dal Perù?, "vocês me trouxeram alguma coisa do Peru?".
Obs.: em it., a palavra que segue este adj.inv. deve estar sempre no sing.

■ QUALCHEDUNO (pron.)
Não é "qualquer um" (em it., *uno qualsiasi, uno qualunque*) mas:
ALGUÉM, ALGUM.
A forma mais usada é: QUALCUNO.
Crede di essere qualcheduno, "pensa ser alguém".
Mi è rimasto qualcheduno di quei libri, " sobraram-me alguns daqueles livros".

■ QUALORA (conj.)
Não é expressão para "pedir a hora" (em it., *che ora è?, che ore sono?*).
Deve ser traduzida por: NO CASO DE, SE POR ACASO, TODA VEZ QUE.
Questo è il mio indirizzo qualora succedesse una disgrazia, "este é o meu endereço no caso de acontecer uma desgraça".
Qualora vi metteste d'accordo, avvisatemi, "se por acaso entrarem em um acordo, me avisem".

■ QUARTO (adj. e s.m.)
Tem o mesmo sentido do port. quando adj.: QUARTO.
Questo è il quarto viaggio, "esta é a quarta viagem".
Quando s.: *quarto d'ora, di luna*, "quarto de hora, de lua".
Difere apenas quanto se refere a "quarto de dormir", em it., *camera da letto*.
La mia camera da letto è grande, "o meu quarto de dormir é grande".

■ QUESTURA (s.f.)
Além de QUESTURA é: CHEFATURA DE POLÍCIA (na Itália é um órgão estatal que, nas províncias, cuida da ordem pública, das investigações, etc.).
Essere chiamato in questura, "ser chamado na Chefatura de Polícia".

■ QUINTA (s.f.)
É: QUINTA (música e esgrima) e no pl. significa: BASTIDORES.
Dietro le quinte, "atrás dos bastidores".
"Quinta" (propriedade), em it., é: *fattoria*.

QUINTALE (s.m.)

Traduz-se por QUINTAL apenas quando for unidade de medida de peso, porém o *quintale* italiano corresponde a 100 kg, enquanto o "quintal" brasileiro equivale a 4 arrobas, que são 58,758 kg.

"Quintal", em it., é: *orto attiguo a una casa | cortile*.

R

- **RACCORDARE** (v.t.)
É a forma arcaica de *ricordare*: LEMBRAR (que tem sua origem no genitivo da palavra latina "cor, cordis", coração, mais o prefixo "re", pois os antigos acreditavam ser ele o centro da memória). Atualmente é mais usado com o sentido de: JUNTAR, LIGAR.
Raccordare due strade, "ligar duas ruas".

- **RACCORDO** (s.m.)
Não é "recordo" (em it., *ricordo*) mas: ENTRONCAMENTO.
Un raccordo ferroviario, "um entroncamento ferroviário".

- **RAGLIARE** (v.int. e t.)
Não é "ralhar" (em it., *sgridare, rimproverare*) mas: ZURRAR.
Gli asini ragliano nella stalla, "os asnos zurram no estábulo".
Na forma trans. significa, no sentido fig.: CANTAR, FALAR MAL, SEM SENTIDO.
Ragliare un lungo discorso, "falar mal durante um longo discurso".

- **RAGLIO** (s.m.)
É: ZURRO e não "ralho" (em it., *rimprovero*).
Raglio d'asino non giunge in cielo, literalmente: o zurro do asno não chega ao céu, mas esta expressão significa: "as palavras dos tolos não são levadas a sério".

- **RAGNO** (s.m.)
Trata-se de: ARANHA e não de "ranho" (em it., *moccio*).
Questo ragno è molto velenoso, "esta aranha é muito venenosa".
A expressão: *non cavare un ragno da un buco* significa: "não obter nenhum resultado".

R

RANGO (s.m.)
Deve ser traduzido por:
- CLASSE, GRAU

Una persona di alto rango sociale, "uma pessoa de classe social alta".
- ORDEM, FILEIRA

Uscire dai ranghi, "sair das fileiras".
"Rango", em it., é: *cibo, mangiare*.

RAPA (s.f.)
É o: NABO e não o "rapa" (em it., *carro della Prefettura sul quale la Finanza carica la merce sequestrata ai venditori ambulanti senza patente*).
Una minestra di rape, "uma sopa de nabos".

RATA (s.f.)
Não se trata da "fêmea do rato", nem de uma "gafe", mas de: PRESTAÇÃO, COTA.
Comprare qualcosa a rate, "comprar algo a prestação".

RATTO (s.m. e adj.)
Traduz-se por:
- RATAZANA

Ho visto un ratto, "vi uma ratazana".
- RAPTO

Il ratto delle Sabine, "o rapto das Sabinas".
Obs.: quando adj. tem o significado de: RÁPIDO, VELOZ (termo lit.).
"Rato", em it., é: *topo*.

RE (s.m.)
Traduz-se por:
- RÉ (2.ª nota musical)

Ha sbagliato un re, "errou em ré".
- REI

Il leone è il re della foresta, "o leão é o rei da floresta".

RECATO (adj. e part.pass. de *recare*)
Significa:
TRAZIDO, LEVADO.
È stato recato via, "foi levado embora".
Quando o verbo é reflex., *recarsi* significa: IR.
Il bambino si è recato a scuola a piedi, "o menino foi à escola a pé".
"Recato", em it., é: *pudore*, e "recado" é: *messaggio*.

■ REGALIA (s.f.)
Não se trata de "regalia" (em it., *vantaggio, privilegio*) mas de: DOAÇÃO (em dinheiro).
Obs.: no pl., *le regalie*, eram as ofertas (frangos, ovos, frutas, etc.) dos colonos aos proprietários das terras.

■ REGGERE (v.t., int. e reflex.)
Além de: REGER, tem também outras traduções possíveis, tais como:
■ SEGURAR
Reggeva il bambino in braccio, "segurava o menino nos braços".
■ SUPORTAR, AGÜENTAR
Il sacco non regge il peso, "o saco não suporta o peso".
Na forma int.:
■ RESISTIR
Non ho potuto reggere alla stanchezza, "não pude resistir ao cansaço".
■ DURAR
La buona stagione non ha retto che per pochi giorni, "o bom tempo só durou alguns dias".
Na voz reflex.:
■ SUSTENTAR-SE, MANTER-SE
Non mi reggo più in piedi, "não me mantenho mais de pé".
■ AUXILIAR-SE, AJUDAR-SE
Si reggono molto tra loro, "ajudam-se muito entre si".
Há as expressões:
Reggere il sacco a qualcuno, "ser cúmplice de alguém".
Reggere l'anima con i denti, "estar muito mal, agonizando".
Reggere l'acqua, "ser impermeável".

■ RENA (s.f.)
Não é "rena" (em it., *renna*) mas: AREIA.
Mettiamo la rena nel sacco, "colocamos a areia no saco".

■ RENDERE (v.t., int. e pron.)
V. que, além de RENDER, possui conotações diversas, tais como:
■ RESTITUIR, DEVOLVER
Rendo il quaderno che mi hai prestato, "devolvo o caderno que me emprestastes".
■ TORNAR, REDUZIR
L'amore lo ha reso ridicolo, "o amor tornou-o ridículo".
Na forma pron. passa a significar:
■ TORNAR-SE, RESULTAR
L'intervento chirurgico si rese necessario, "a intervenção cirúrgica tornou-se necessária".
Notar as expressões:

R

Rendere l'anima a Dio, "morrer".
Rendere grazie, "agradecer".
Rendere onore, "homenagear".
Rendere un servizio, "prestar um serviço".
Rendere conto, "explicar, justificar".
Rendersi conto, "dar-se conta".

▪ REPLICA (s.f.)
Além de RÉPLICA pode significar: APRESENTAÇÃO (TEATRAL).
Quella commedia ebbe cento repliche, "aquela comédia teve cem apresentações".

▪ RETRATTO (s.m.)
Termo usado em direito. Não é "retrato" (em it., *ritratto*) e sim:
REIVINDICAÇÃO | RESGATE.

▪ RETTA (s.f.)
Pode ser traduzido das seguintes maneiras:
▪ RETA
La retta è la linea più breve tra due punti, "a reta é a linha mais curta entre dois pontos".
▪ ATENÇÃO (na loc.: *dare retta*)
Dare retta ai genitori, "dar atenção aos pais" (no sentido de ouvir seus conselhos).
Non dare retta a quel bugiardo, "não dê atenção àquele mentiroso".
▪ MENSALIDADE, ANUIDADE
Pagare la retta puntualmente, "pagar a mensalidade (ou anuidade) pontualmente".

▪ RIATTARE (v.t.)
Não é "reatar" (em it., *ristabilire, riallacciare*) mas:
CONSERTAR, READAPTAR, RESTAURAR.
Ho fatto riattare il vestito, "mandei consertar o vestido".
La vecchia casa è stata riattata, "a velha casa foi reformada".

▪ RICATTARE (v.t.)
Não deve ser traduzido por "recatar" (em it., *custodire, ricercare*) mas por:
AMEAÇAR (DE CHANTAGEM OU EXTORSÃO), CHANTAGEAR.
Uno sconosciuto lo ricattava per lettera, "um desconhecido o chantageava por carta".

▪ RICATTO (s.m.)
Não é "recato" (em it., *prudenza, pudore, modestia*) mas:
CHANTAGEM, EXTORSÃO.
Quell'uomo è vittima di un ricatto, "aquele homem é vítima de extorsão".

RIFARE (v.t. e pron.)

Não é "rifar" (em it., *sorteggiare un oggetto messo in palio*), e sim:
REFAZER.
Devo rifare l'esercizio, "devo refazer o exercício".
Na forma pron. significa:
- VINGAR-SE

Ci rifaremo dopo la sconfitta di oggi, "nos vingaremos depois da derrota de hoje".
- RECOMEÇAR

Non sapeva da che parte rifarsi, "não sabia por onde recomeçar".
- RESTABELECER-SE

Si è subito rifatto dalla malattia, "restabeleceu-se logo da doença".

RILASCIARE (v.t.)

Pode ser traduzido por RELAXAR (embora o verbo mais usado, em it., seja: *rilassare*). Significa, outrossim:
- DEIXAR NOVAMENTE

Ho rilasciato gli occhiali a casa, "deixei novamente os óculos em casa".
- CONCEDER, OUTORGAR

Il consolato mi ha rilasciato il passaporto, "o consulado me concedeu o passaporte".
- ENTREGAR

Devono rilasciare la merce domani, "devem entregar a mercadoria amanhã".
- LIBERTAR

Il prigioniero è stato rilasciato, "o prisioneiro foi libertado".

RILEVARE (v.t.)

Este v. deve ser traduzido por RELEVAR apenas no sentido de "dar relevo, tornar saliente, acentuar | aliviar, atenuar".
Possui outras traduções possíveis, tais como:
- TORNAR A LEVANTAR

Rilevare l'ancora, "tornar a levantar âncora".
- NOTAR, OBSERVAR

Rilevare gli errori, "notar os erros".
- RENDER

Ha rilevato la sentinella, "rendeu a sentinela".
- COLOCAR ALGO EM EVIDÊNCIA

Le radiografie hanno rilevato la rottura del femore, "as radiografias colocaram em evidência a ruptura do fêmur".
- ADQUIRIR

Ha rilevato una grossa partita di merci a un prezzo interessante, "adquiriu um grande lote de mercadoria a um preço interessante".

R

RIMETTERE (v.t. e pron.)
Além de REMETER, este verbo tem várias traduções possíveis:
- COLOCAR DE NOVO

È uscito senza rimettere il cappello in testa, "saiu sem colocar de novo o chapéu na cabeça".
- PERDOAR

Hanno deciso di rimettere il suo debito, "decidiram perdoar a sua dívida".
- ADIAR

Rimettiamo il nostro appuntamento a domani, "adiemos nosso encontro para amanhã".
- PERDER, SOFRER UMA PERDA (material ou moral)

Ci ha rimesso la vita, "perdeu a vida".
- DEVOLVER (a bola)

Il portiere ha rimesso la palla, "o goleiro devolveu a bola".
- VOMITAR

Lucia ha rimesso tutto quello che ha mangiato, "Lúcia vomitou tudo o que comeu".
Na forma pron.:
- RESTABELECER-SE, SARAR

Meno male che si è rimesso presto, "ainda bem que sarou logo".
- ENTREGAR-SE

Rimettersi alla volontà di Dio, "entregar-se à vontade de Deus".
- SERENAR (tempo)

Credo che il tempo si rimetterà, "creio que o tempo vai serenar".
Há também as expressões:
Rimettersi in carne, "engordar".
Rimettersi dallo spavento, "restabelecer-se do susto".
Rimettere mano, "recomeçar".
Rimettere piede, "voltar".
Rimettere l'orologio, "acertar o relógio".

RIO (s.m. e adj.)
Não é "rio" (em it., *fiume*) e sim: ARROIO, REGATO, CÓRREGO.
Un rio passa vicino a casa mia, "um córrego passa perto da minha casa".
Em Veneza: nome dado aos PEQUENOS CANAIS SECUNDÁRIOS.
La città di Venezia è attraversata da numerosi rii, "a cidade de Veneza é atravessada por numerosos pequenos canais secundários".
Como adj.: MAU, NOCIVO, FUNESTO.
Non faceva che maledire la sorte ria, "só ficava maldizendo a má sorte".

RIPA (s.f.)
Traduz-se por:
BEIRA, MARGEM, DESPENHADEIRO.

Arrivare sulla ripa del fiume, "chegar à margem do rio".
"Ripa", em it., é: *asse, assicella*.

RIPARARE (v.t. e int.)
Pode ser traduzido por:
- DEFENDER, PROTEGER

Il tetto ripara la casa dalla pioggia, "o telhado protege a casa da chuva".
- REPETIR (um exame)

Quest'anno devo riparare fisica, "este ano deve repetir o exame de física".
Como v.int.:
REFUGIAR-SE, PROCURAR ASILO.
Durante la guerra riparammo in Svizzera, "durante a guerra nos refugiamos na Suíça".
Obs.: não tem o sentido de "reparar" (notar, observar), em it., *notare, osservare*.

RIPARTIRE (v.t. e int.)
Na forma t. tem a mesma conotação do port.: REPARTIR.
Ho ripartito le spese del viaggio con il mio amico, "reparti as despesas da viagem com o meu amigo".
Na int., no entanto, significa:
PARTIR NOVAMENTE, FUNCIONAR NOVAMENTE.
È ripartito per il Giappone, "partiu novamente para o Japão".
La macchina non vuole ripartire, "o carro não quer funcionar novamente".

RIPIENO (s.m. e adj.)
Além de RIPIENO (na acepção musical) significa: RECHEIO.
Ho fatto un tacchino con ripieno di prugne e gorgonzola, "fiz um peru com recheio de ameixas e gorgonzola".
Como adj. significa: RECHEADO.
Un dolce ripieno di noci e cioccolata, "um bolo recheado de nozes e chocolate".

RIPRESA (s.f.)
Não é "represa" (em it., *chiusa*) e sim:
- RETOMADA, RECOMEÇO

La ripresa delle ostilità, "a retomada das hostilidades".
La ripresa della partita, "o recomeço do jogo" (o segundo tempo).
- ESTRIBILHO, REFRÃO

La ripresa della ballata, "o refrão da balada".
- ACELERAÇÃO (automóvel)

Un'automobile con buona ripresa, "um automóvel com boa aceleração".
- TOMADA (de câmera)

R

Le riprese sono state fatte a Cinecittà, "as tomadas foram feitas em Cinecittà".
Ripresa sonora, "gravação dos sons de uma película".

■ RISO (s.m.)
É: RISO e também ARROZ.
Il riso fa buon sangue, "o riso faz bem à saúde".
Un piatto di riso e fagioli, "um prato de arroz e feijão".
Obs.: o pl. de *riso* (arroz) é: *i risi*; o pl. de *riso* (riso) é: *le risa*.

■ RIVOLTARE (v.t., reflex. e pron.)
Tem o significado de:
■ VIRAR, REVIRAR, MEXER
Rivoltare una federa, una frittata, un quadro, "virar uma fronha, uma fritada, um quadro".
Voltava e rivoltava le pagine del libro, "virara e revirava as páginas do livro".
■ PROVOCAR NÁUSEA
Quel cibo mi ha rivoltato lo stomaco, "aquela comida me provocou náusea".
Na voz reflex.:
REVIRAR-SE.
Continuavo a rivoltarmi nel letto, senza riuscire a dormire, "continuava a revirar-me na cama, sem conseguir dormir".
Como v.pron.:
REVOLTAR-SE, REBELAR-SE.
Il popolo si è rivoltato contro il dittatore, "o povo revoltou-se contra o ditador".

■ ROCCA (s.f.)
Além de ROCA (de fiar) e ROCHA, significa: FORTALEZA, CIDADELA | CHAMINÉ (a parte mais alta) | ROCHEDO (termo médico que quer dizer: parte dos temporais em que se aloja o ouvido).

■ ROGARE (v.t.)
Não tem o sentido, como em port., de "pedir, suplicar" (em it., *pregare, supplicare*).
Deve ser traduzido por: ESTIPULAR, CELEBRAR, LAVRAR UM ATO POR INTERMÉDIO DO TABELIÃO.

■ ROGO (s.m.)
Significa: FOGUEIRA (para queimar corpos) e não "rogo" (em it., *preghiera, supplica*).
Il santo fu condannato al rogo, "o santo foi condenado à fogueira".

■ ROMBO (s.m.)
Deve traduzir-se por ROMBO apenas quando se tratar de figura geométrica (losango).
Possui outros significados:

R

▪ ZUMBIDO
Il rombo delle api, "o zumbido das abelhas".
▪ ESTRONDO, RIBOMBO
Il rombo del terremoto, "o estrondo do terremoto".
▪ RODOVALHO (peixe)
"Rombo", em it., é: *squarcio, scassinatura, furto*.

▪ **RONCARE** (v.t.)
Não é RONCAR (em it., *russare*) e sim PODAR.

▪ **RONCO** (s.m.)
Além de RONCO significa:
▪ PODÃO, PODADEIRA
▪ BECO SEM SAÍDA (também no sentido fig.)
Essere nel ronco, "estar em um beco sem saída".
▪ PEQUENO PEIXE DE ÁGUA DOCE

▪ **ROSA** (s.f., adj.f. e part.pass. de *rodere*)
Possui os mesmos significados do port. quando s. e adj. Como part.pass. do v. *rodere* (roer) significa: ROÍDA.
La corda è rosa dal topo, "a corda é roída pelo rato".
Obs.: quando s. e adj. o "o" é aberto e quando part.pass. o "o" é fechado.

▪ **ROTA** (s.f.)
Além de TRIBUNAL PONTIFÍCIO significa: RODA e não "rota" (em it., *rotta*).
La macchina ha le quattro rote (ou *ruote*) *nuove*, "o carro tem as quatro rodas novas".
Obs.: *rota* è una variante de *ruota*.

▪ **ROTOLARE** (v.t. e int.)
É: ROLAR e não "rotular" (em it., *fornire di etichetta*).
Far rotolare un tronco d'albero, "fazer rolar um tronco de árvore".
È rotolato per le scale e si è rotto una gamba, "rolou pelas escadas e quebrou uma perna".

▪ **ROTTO** (adj., part.pass. de *rompere* e s.m.pl.)
Além de ROTO pode significar QUEBRADO | ENGUIÇADO.
Il vaso di ceramica è rotto, "o vaso de cerâmica está quebrado".
L'orologio è rotto, "o relógio está enguiçado".
Relazioni rotte, "relações rompidas".
Strada rotta, "rua em más condições".
Essere rotto dalla stanchezza, "estar quebrado pelo cansaço".
Obs.: quando s.m.pl., significa: QUEBRADOS (quantidade não calculada exatamente).
Mille lire e rotti, "mil liras e uns quebrados".

RUBINETTO (s.m.)

Trata-se de: TORNEIRA e não de "rubinete", pequeno rubi (em it., *rubinuzzo*).
Aprire il rubinetto dell'acqua calda, "abrir a torneira de água quente".
Uma curiosidade: *rubinetto* provém do francês "robin", nome popular do carneiro cuja cabeça enfeitava as torneiras antigamente.

RULLARE (v.int. e t.)

Significa:
- ROLAR (navio)
- RUFAR (de tambores)
- RODAR (avião na pista antes de decolar)

Na forma t.: APLANAR (termo agrícola).
Rullare un terreno, "aplanar um terreno".

S

SABBIA (s.f.)
Nada tem em comum com o adj. "sábia" (em it., *saggia*). Significa: AREIA.
Ho le scarpe piene di sabbia, "tenho os sapatos cheios de areia".

SAIA (s.f.)
Trata-se de: SARJA (de lã ou de seda).
Una gonna di saia, "uma saia de sarja".
"Saia", em it., é: *gonna, sottana*.

SALDO (s.m. e adj.)
Como s. é: SALDO, RESTO.
Qui risulta un saldo negativo, "aqui resulta um saldo negativo".
Devo pagare il saldo in contanti, "devo pagar o resto à vista".
Mas como adj. traduz-se por:
FORTE, SÓLIDO, ROBUSTO, COMPACTO, MACIÇO.
Argomenti saldi, "argumentos fortes".
Mura salde, "muros maciços".
Il fisico di quell'atleta è ancora saldo, "o físico daquele atleta ainda é robusto".
Obs.: *saldi* significa: "saldos, liquidação".

SALIRE (v.t. e int.)
É: SUBIR e não "sair" (em it., *uscire*).
Ho salito le scale in fretta, "subi as escadas depressa".
Sono salito al quinto piano con l'ascensore, "subi ao quinto andar de elevador".

S

▪ SALITA (s.f.)
É: SUBIDA e não "saída" (em it., *uscita*).
Ho partecipato ad una corsa in salita, "participei de uma corrida em subida".

▪ SALSA (s.f.)
Não é "salsa" (em it., *prezzemolo*) e sim: MOLHO.
Salsa di pomodori, "molho de tomate".
Salsa di San Bernardo, "fome, apetite" (segundo o santo, é o melhor molho).
Cucinare qualcuno in tutte le salse, "apresentar a mesma coisa de maneiras diversas".
Quanto ao termo geológico "salsa", em it., também significa: "erupção de lodo fervente".

▪ SALUTE (s.f.)
Além de SAÚDE traduz-se por SALVAÇÃO.
Mario mi ha chiesto notizie della tua salute, "Mário pediu-me notícias da tua saúde".
Pensiamo alla salute dell'anima, "pensemos na salvação da alma".

▪ SARDA (s.f.)
É apenas SARDA (peixe), pois "sarda" (mancha da pele), em it., é: *lentiggine*.

▪ SARDIGNA (s.f.)
Não é "sardinha" (em it., *sardina*) mas: RESTOS DE CARNE DE MATADOURO.
Obs.: antigamente denotava o lugar, fora da cidade, onde se amontoavam as carcaças e os dejetos do matadouro.

▪ SARTA (s.f.)
Não deve ser traduzido por "sarta" (enfiada), mas por COSTUREIRA.
Ho perduto il telefono della sarta, "perdi o telefone da costureira".
"Sarta", em it., é: *filo, fila*.

▪ SCARPA (s.f.)
Além de ESCARPA, LADEIRA ÍNGREME | TALUDE (de um fosso junto de um parapeito) significa:
▪ SAPATO
Ho comprato un paio di scarpe, "comprei um par de sapatos".
▪ TRAVA DE CARRUAGEM
Há várias expressões:
Scarpe bullonate, "chuteiras".
Scarpa vecchia, "mulher velha e inútil".
Avere il cervello nelle scarpe, "ter pouquíssimo juízo".
Morire con le scarpe ai piedi – Mettere le scarpe al sole, "morrer de morte repentina e violenta".

Non avere scarpe ai piedi, "ser muito pobre".
Non essere degno di lustrare le scarpe a qualcuno, "ser muito inferior a alguém".
Fare le scarpe a qualcuno, "fazer mal a alguém dissimuladamente (fingindo ser amigo).
Rimetterci anche le scarpe, "ficar arruinado".
Andare in Paradiso con tutte le scarpe, "ser um santo".
Curiosidade: em port. existe a palavra "escarpes", proveniente do it., que antigamente significava: "sapatos de ferro com que outrora se torturavam os réus nos tribunais".

SCHERZO (s.m.)
Além de SCHERZO (nas duas acepções musicais) significa: BRINCADEIRA.
Quel bambino fa sempre scherzi, "aquele menino sempre faz brincadeiras".
Oggigiorno andare da Roma a Seul è uno scherzo, "hoje em dia ir de Roma a Seul é uma brincadeira".
Notar as expressões:
Scherzo da prete, "brincadeira de mau gosto".
Scherzi d'acqua, "esguichos de água com efeitos especiais".
Scherzi di luce, "efeitos de luz".
Ma che scherzi sono questi?, "mas que brincadeira é essa?"

SCIÀ (s.m.)
É: XÁ pois "chá", em it., é *tè*.
Lo scià della Persia è morto, "o Xá da Pérsia morreu".

SCIARE (v.int.)
Não é "chiar" (em it., *stridere | irritarsi*) e sim: ESQUIAR.
Andiamo a sciare domani, "vamos esquiar amanhã".

SCIATTO (adj.)
Traduz-se por: DESLEIXADO, RELAXADO, DESCUIDADO.
Un uomo sciatto nel vestire, "um homem desleixado no vestir".
Un lavoro sciatto, "um trabalho descuidado".
"Chato", em it., é *noioso*.

SCIOCCO (adj.)
Não significa "choco" (em it., *covato | che cova*) mas:
- INSÍPIDO, INSOSSO
Questa minestra è sciocca, "esta sopa está insossa".
- TOLO, PARVO, IDIOTA
Sono proprio stato uno sciocco!, "fui mesmo um tolo!".

S

■ SCIUPARE (v.t. e pron.)
É: ESTRAGAR, GASTAR.
Non sciupare la giacca nuova, "não estragues o casaco novo".
Quando pron.: ESTRAGAR-SE.
Con la pioggia le scarpe si sono sciupate, "com a chuva os sapatos se estragaram".
"Chupar", em it., é: *succhiare, sorbire*.

■ SCIUPATO (adj. e part.pass. de *sciupare*)
Não é "chupado", em it., *succhiato, sorbito* e sim: ESTRAGADO, DETERIORADO.
Le arance sono sciupate, "as laranjas estão estragadas".

■ SCOGLIA (s.f.)
Não se trata de "escolha" (em it., *scelta*) mas de:
PELE QUE A SERPENTE DEIXA DEPOIS DA MUDA.

■ SCOLLARE (v.t. e pron.)
É: DESCOLAR e DECOTAR.
Per scollare le pagine ci vuole un po' d'acqua, "para descolar as páginas é preciso um pouco de água".
Ho chiesto alla sarta di scollare questa camicetta, "pedi à costureira para decotar esta blusa".
Na forma pron.: DECOTAR-SE | DESCOLAR-SE.
Si è scollata per andare al ballo, "decotou-se para ir ao baile".
Il francobollo si è scollato dalla busta, "o selo descolou-se do envelope".

■ SCOLTA (s.f.)
É: SENTINELA, VIGIA e não "escolta" (em it., *scorta*).

■ SCOVARE (v.t.)
Deve ser traduzido por:
■ DESENCOVAR
Scovare la lepre, "desencovar a lebre".
■ DESCOBRIR, ENCONTRAR (no sentido fig.)
Ho scovato un posto tranquillo, "descobri um lugar tranqüilo".
"Escovar", em it., é: *spazzolare*.

■ SECCARE (v.t. e int.)
Significa SECAR e no sentido fig.: ABORRECER, IMPORTUNAR, MAÇAR.
Il sole ha seccato i fiori, "o sol secou as flores".
Non mi seccare!, "não me aborreça!"

SECO (pron. composto)
Termo usado em lit. que significa: CONSIGO.
La portò seco, "trouxe-a consigo".
"Seco", em it., é: *secco*.

SEGA (s.f.)
É: SERRA pois "sega", em it., é: *ferro tagliente che sta davanti al vomere, coltro*.
Ho bisogno della sega per lavorare, "preciso da serra para trabalhar".

SELEZIONE (s.f.)
É: SELEÇÃO apenas no sentido de "escolha", pois "equipe", em it., é: *squadra*.
La selezione dei candidati, "a seleção dos candidatos".

SENO (s.m.)
Além de SENO (trigonometria) significa: SEIO.
Si deve applicare il seno a questo angolo?, "deve aplicar o seno a este ângulo?".
Signora, deve coprire il seno, "senhora, deve cobrir o seio".

SERA (s.f.)
Significa: TARDINHA, NOITE (parte do dia entre o pôr-do-sol e o princípio da noite) e não "sera", indivíduo de tribo indígena, nem "cera" (em it., *cera*).
Questa sera andremo a ballare, "esta noite iremos dançar".

SERRA (s.f.)
Além de SERRA (geografia) significa: ESTUFA (para plantas).
Le orchidee sono coltivate nella serra, "as orquídeas são cultivadas na estufa".
"Serra" (para serrar), em it., é: *sega*.

SERRARE (v.t.)
Não é "serrar" (em it., *segare*) mas:
FECHAR, CERRAR | APERTAR.
Hanno serrato la porta con violenza, "fecharam a porta com violência".
Serrava i pugni dalla rabia, "apertava os punhos de raiva".

SETA (s.f.)
Não é "seta" (em it., *saetta, freccia*) mas: SEDA.
Camicia di seta pura, "camisa de seda pura".

SETE (s.f.)
Trata-se de: SEDE e não do número "sete" (em it., *sette*).
Ho fame e sete, "tenho fome e sede".

S

SETTA (s.f.)
É: SEITA, pois "seta", em it., é: *freccia*.
Una setta segreta, "uma seita secreta".

SIGARO (s.m.)
Significa: CHARUTO.
I sigari cubani sono famosi, "os charutos cubanos são famosos".
"Cigarro", em it., é: *sigaretta*.

SINDACO (s.m.)
Não se trata de "síndico" (em it., *amministratore*) mas de:
CHEFE DE ADMINISTRAÇÃO MUNICIPAL (na Itália).

SINO (prep.)
Traduz-se por: ATÉ.
Andiamo sino a Napoli, "vamos até Nápoles".
Obs.: seguido da prep. *da* significa: DESDE.
Sono qui sino da ieri, "estou aqui desde ontem".
Sino ou *fino* são variantes da mesma preposição.
"Sino", em it., é: *campana*.

SMAGARE (v.t. e pron.)
Não deve ser traduzido por "esmagar" (em it., *schiacciare*) mas por:
ENFRAQUECER | PERTURBAR.
Na forma pron.: PERDER-SE | DISTRAIR-SE.

SMAGATO (part.pass. de *smagare*)
Não é "esmagado" (em it., *schiacciato*) e sim: ENFRAQUECIDO, PERTURBADO | DISTRAÍDO.

SOLO (adj., adv. e conj.)
Não deve traduzir-se por "solo" (em it., *suolo*) mas por: SÓ, ÚNICO.
È rimasto solo, "ficou só".
Sei il solo amico che mi è rimasto, "você é o único amigo que me restou".
Como adv. significa:
SOMENTE, APENAS.
Sa fare solo questo, "sabe fazer apenas isto".
Como conjunção quer dizer:
MAS, PORÉM | CONTANTO QUE.
Presto volentieri il mio quaderno a Marco, solo che deve restituirmelo in giornata, "empresto com prazer o meu caderno a Marco; ele deve, porém, devolvê-lo ainda hoje para mim".
Secondo me ce la farà a passare al concorso, solo che lui voglia, "acho que ele vai conseguir passar no concurso, contanto que ele queira".

S

■ SOMA (s.f.)
É: CARGA e não "soma" (em it., *somma*).
L'asino è un animale da soma, "o asno é um animal de carga".

■ SOPRA (adv., prep., adj.inv. e s.m.inv.)
Não se trata do v. "soprar" (em it., *soffiare*) mas de adv. de lugar ou de prep.: SOBRE, EM CIMA, ACIMA.
Attraverseremo il fiume più sopra, "atravessaremos o rio mais acima".
La neve cade sopra i tetti, "a neve cai sobre os telhados".
Quest'anno sono tornate di moda le gonne sopra il ginocchio, "este ano voltaram à moda as saias acima do joelho".
Com função de adj.inv.: ACIMA
L'errore è nella riga sopra, "o erro está na linha acima".
Com função de s.m.inv.: A PARTE SUPERIOR, A PARTE DE CIMA.
Pulisci il sopra dell'armadio, "limpa a parte de cima do armário".
Notar as expressões:
Passar sopra a una cosa, "passar por cima, perdoar algo".
Essere sopra pensiero, "estar distraído".

■ SOPRANNOME (s.m.)
Não é "sobrenome" (em it., *cognome*) mas: APELIDO, ALCUNHA.
I compagni le hanno dato un buffo soprannome, "os colegas lhe deram um apelido engraçado".
Scipione ricevette il soprannome di Africano, "Scipião recebeu a alcunha de Africano".

■ SORTIRE (v.t. e int.)
Não tem as mesmas conotações de "sortir" (em it., *fornire* | *variare*) a não ser no sentido de: OBTER POR SORTE (t.). De modo geral deve ser traduzido por: SAIR (int.).
Tuo fratello è sortito alle 7 e non è ancora rientrato, "teu irmão saiu às 7 e ainda não voltou para casa".

■ SPANARE (v.t. e pron.)
Não é "espanar" (em it., *spolverare*) mas:
■ TIRAR A ROSCA (de um parafuso)
Se spani la vite non serve più a nulla, "se tirar a rosca do parafuso ele não serve mais para nada".
■ DESTERROAR (tirar a terra das raízes de uma planta)
Na forma pron. (*spanarsi*) significa: PERDER A ROSCA.
Questo rubinetto si è spanato, "esta torneira perdeu a rosca".

SPERA (s.f.)
Pode significar:
- ESFERA (lit.)
- REFLEXO, RAIO DE SOL
- PEQUENO ESPELHO REDONDO
- ESPERANÇA (termo pouco usado)

"Espera", em it., é: *attesa*.

SPERARE (v.t. e int.)
Além de ESPERAR (no sentido de: "ter esperança") significa:
OLHAR UM OBJETO NA CONTRALUZ.
Spero che non si sia offesa, "espero que ela não se tenha ofendido".
Sperare le uova, "olhar os ovos na contraluz (para ver se estão frescos ou fecundados)".
Na forma int.: CONFIAR.
Speriamo nella vostra generosità, "confiamos na vossa generosidade".

SPESSO (adj. e adv.)
Como adj. tem o mesmo sentido do port.: ESPESSO.
Quest'olio è molto spesso, "este óleo é muito espesso".
Como adv. significa: FREQÜENTEMENTE, AMIÚDE.
In montagna nevica spesso, "na montanha neva freqüentemente".

SPIARE (v.t.)
Traduz-se por: ESPIONAR, pois "espiar", em it., é: *osservare | ormeggiare*.
Il vicino di casa ci sta spiando, "o vizinho de casa está nos espionando".

SQUADRA (s.f.)
Além de ESQUADRA (conjunto de navios de guerra), significa ainda:
- ESQUADRO

Ho bisogno della squadra per disegnare, "preciso do esquadro para desenhar".
- GRUPO

Una squadra di: operai, tecnici, soccorso, "um grupo de operários, de técnicos, de socorro".
- TURMA

Monica ha una squadra di amici tedeschi, "Monica tem uma turma de amigos alemães".
- EQUIPE, SELEÇÃO (esporte)

La squadra di calcio italiana si chiama "azzurra", "a seleção italiana de futebol chama-se 'Azzurra'".
Há ainda:
A squadra, "em ângulo reto".

A squadre, "em grande número".
Uscire di squadra, "estar fora de ordem".
Squadra aerea, "unidade da aeronáutica militar, formada de duas divisões".
Squadra mobile, "departamento da Polícia".

SQUILLO (s.m.)
Não é "esquilo" (em it., *scoiattolo*) mas:
SOM, TOQUE (agudo e vibrante, de breve duração).
Lo squillo del telefono, del campanello, " o toque do telefone, da campainha".
Posposto ao s., assume o valor de adj.inv. nas seguintes locuções:
Ragazza squillo, "garota de programa disponível mediante chamada telefônica".
Albergo squillo, casa squillo, "local onde é exercida a prostituição".

SQUISITO (adj.)
Nunca deve ser traduzido por: "esquisito" (em it., *strano*) mas por:
- DELICIOSO, EXCELENTE
Questo vino è squisito, "este vinho é excelente".
- REFINADO, NOBRE
Avere un gusto squisito, "ter um gosto refinado".

STACCARE (v.t., int. e pron.)
Não é "estacar" (em it., *puntellare*) mas:
- DESPREGAR, DESPRENDER, ARRANCAR, TIRAR
Non stacca gli occhi dalla televisione, "não desprega os olhos da televisão".
- DESLIGAR
Staccare la corrente, il frigorifero dalla parete, "desligar a eletricidade, a geladeira da tomada".
Como v.int.: DESTACAR, RESSALTAR, SOBRESSAIR.
È una persona che stacca dalle altre, "é uma pessoa que se destaca das outras".
Il nero stacca sul bianco, "o preto sobressai no branco".
Quando pron.: DESPREGAR-SE, SEPARAR-SE.
L'intonaco si sta staccando dal soffitto, "o reboco está despregando-se do teto".

STAFFA (s.f.)
Não se trata de "estafa" (em it., *stanchezza, spossatezza*) mas de:
ESTRIBO, ESTRIBEIRA.
Mettere il piede nella staffa, "colocar o pé no estribo".
Há as expressões:
Perdere le staffe, "perder as estribeiras, zangar-se".
Tenere il piede in due staffe, "acender uma vela a Deus e outra ao diabo".
Star sempre col piede nella staffa, "passar a vida viajando".

S

STANCARE (v.t. e pron.)
É: CANSAR e não "estancar" (em it., *stagnare, fermare*).
L'esercizio ha stancato gli atleti, "o exercício cansou os atletas".
Quando pron. significa: CANSAR-SE.
Lei, signora, non deve stancarsi troppo, "a senhora não deve cansar-se em demasia".

STANTE (adj., part.pres. de *stare*, prep. e conj.)
Nada tem em comum com "estante" (em it., *scaffale | leggio*). Pode ser traduzido por: QUE ESTÁ, QUE É, SEPARADO, INDEPENDENTE.
Era una casetta a sé stante, "era uma casinha separada das outras, independente".
Seduta stante, "logo".
Usado como prep.: EM VIRTUDE DE, POR CAUSA DE.
Stante ciò che mi ha detto non prenderò nessuna decisione per adesso, "em virtude do que me disse, não tomarei nenhuma decisão por enquanto".
Como conj. (*stante che*): PELO FATO DE, POIS QUE, JÁ QUE.
Stante che i bambini non vogliono uscire, resteremo a casa a vedere la TV, "já que as crianças não querem sair, ficaremos em casa vendo TV".

STANZIARE (v.t. e pron.)
Além de ESTANCIAR (no sentido de "residir") significa:
PÔR UMA QUANTIA À DISPOSIÇÃO, DESTINAR.
Il Governo ha stanziato alcuni miliardi per la ricostruzione delle zone terremotate, "o Governo destinou alguns bilhões para a reconstrução das zonas atingidas pelo terremoto".
Como v.pron.: ALOJAR-SE, AQUARTELAR-SE.
Il popolo si era stanziato sulle rive del fiume, "o povo havia se alojado nas margens do rio".

STIRARE (v.t. e reflex.)
Além de: ESTIRAR, ESTICAR significa: PASSAR A FERRO (roupa, tecidos).
Devo stirare la gonna, "devo passar a saia".
Como reflex.: ESPREGUIÇAR-SE, ESTICAR-SE, ESTIRAR-SE.
Cosa sta facendo Michele? – Si sta stirando, "o que está fazendo Michele? – Está espreguiçando-se".

STORNO (s.m.)
Além de ESTORNO significa: ESTORNINHO (ave).

STRANIARE (v.t. e reflex.)
É: AFASTAR e não "estranhar" (em it., *trovare strano*).
Gli amici lo hanno straniato dalla famiglia, "os amigos o afastaram da família".
Na voz reflex.: AFASTAR-SE.
Giulio si è straniato da tutti, "Giulio afastou-se de todos".

STUFARE (v.t. e pron.)
Além de ESTUFAR (secar, aquecer em estufa | refogar) significa: ABORRECER, AMOLAR.
Le sue lamentele mi hanno stufato, "as suas queixas me aborreceram".
Na forma pron.: ABORRECER-SE, CHATEAR-SE.
Si stufa per niente, "aborrece-se por nada".

STUPITO (adj. e part.pass. de *stupire*)
Significa: PASMO, ATÔNITO, ESTUPEFATO e não "estúpido" (em it., *stupido*).
Mi seguiva con lo sguardo stupito, "seguia-me com o olhar estupefato".

SUBIRE (v.t.)
Não é "subir" (em it., *salire*) mas: SUPORTAR, SOFRER, TOLERAR.
Ha subito una grave ingiustizia, "sofreu uma grande injustiça".
Deve subire un intervento chirurgico, "deve sofrer uma intervenção cirúrgica".

SUBITO (adj. e part.pass. de *subire*)
A tônica recai sobre o i para não ser confundido com *subito* (súbito, logo).
Significa: SUPORTADO, SOFRIDO, TOLERADO.
Un'operazione subita, "uma operação sofrida".
"Subido", em it., é: *salito*.

SUGO (s.m.)
Além de SUCO, SUMO pode ser traduzido por:
- MOLHO

Sugo di pomodori, di carne, "molho de tomate, de carne".
- SUBSTÂNCIA, ESSÊNCIA

Il sugo del discorso, "a essência do discurso".
- GRAÇA, nas expressões:

Non c'è sugo, "não tem graça".
C'è poco sugo, "tem pouca graça".
Senza sugo, "sem graça".

SUPPOSTA (s.f. e part.pass.f. de *supporre*)
Quando s. quer dizer: SUPOSITÓRIO.
Una supposta di glicerina, "um supositório de glicerina".
Como part.pass.f. do verbo *supporre* ("supor"), tem o mesmo sentido do port.: SUPOSTA.

SUSTE (s.f.pl.)
São as HASTES (dos óculos). Nada tem a ver com "susto" (em it., *spavento*).

T

TACCO (s.m.)
Traduz-se por: SALTO e não por "taco" (em it., *stecca da bigliardo | cavicchio | tassello di legno*).
Scarpe col tacco alto, "sapatos de salto alto".

TAGLIERE (s.m.)
Não é "talher" (em it., *posata*) mas:
TÁBUA DE CARNE, TRINCHO.
Tritare il prezzemolo sul tagliere, "picar a salsa sobre a tábua de carne".

TALENTO (s.m.)
Além de TALENTO, CAPACIDADE, significa: VONTADE, DESEJO (lit.).
Obs.: *a proprio talento* significa: "espontaneamente, de vontade própria".

TAPPA (s.f.)
Não se trata de "tapa" (em it., *pacca, manata*) mas de : ETAPA | PARADA.
Fare un viaggio a tappe, "fazer uma viagem em etapas".
Vincere una tappa, "vencer uma etapa".
Fra un'ora faremo tappa a Palermo, "daqui a uma hora faremos uma parada em Palermo".

TARTUFO (s.m.)
Além da acepção de TARTUFO (hipócrita) tem o sentido de TRUFA (cogumelo subterrâneo).
Adoro la pasta con i tartufi, "adoro macarrão com trufas".

TASCA (s.f.)

Deve ser traduzido por: BOLSO.
La camicia ha due tasche, "a camisa tem dois bolsos".
"Tasca", em it., é: *scotolatura | osteria*.
Notar as expressões:
Stare con le mani in tasca, "não fazer nada".
Rompere le tasche a qualcuno, "aborrecer, chatear alguém".
Averne piene le tasche, "estar farto de algo ou de alguém".
Vuotarsi le tasche, "gastar tudo, ficar na miséria".
Riempirsi le tasche, "ganhar muito dinheiro, enriquecer".
Non me ne viene niente in tasca, "não ganho nada com isto".

TEGLIA (s.f.)

Não é "telha" (em it., *tegola*) mas: TIGELA.
Mettere le uova nella teglia, "colocar os ovos na tigela".

TENDA (s.f.)

Além de TENDA quer dizer: TOLDO | CORTINA.
Aprire le tende, "abrir as cortinas".
Piantare le tende, "acampar".
Levare le tende, "levantar acampamento".

TERMOS (s.m.)

Significa: GARRAFA TÉRMICA. Nada tem a ver, portanto, com "termos" (em it., *termini*).
Il caffè si mantiene caldo nel termos, "o café mantém-se quente na garrafa térmica".
Esta palavra pode, também, ser escrita THERMOS.

TERNO (s.m.)

Quer dizer TERNO (grupo de três) e não "terno", traje masculino (em it., *vestito da uomo*).
O adj. "terno", em it., é *tenero, affettuoso*.

TESTA (s.f.)

É a CABEÇA e não a "testa" (em it., *fronte*).
Quell'uomo ha una testa grande, "aquele homem tem uma cabeça grande".
A testa significa: POR CABEÇA.
Il pranzo costa 30 euro a testa, "o almoço custa 30 euros por cabeça".
No sentido figurado: COMANDO.
È alla testa delle sue truppe, "está no comando das suas tropas".
Há muitas expressões com esta palavra:
Fasciarsi la testa prima di essersela rotta, "preocupar-se inutilmente, antes do tempo".
Far girare la testa a qualcuno, "fazer alguém se apaixonar".

Agire con la testa nel sacco, "agir sem pensar".
Perdere la testa, "perder o controle".
Montarsi la testa, "ficar soberbo".
Avere la testa sulle spalle, "ser realista, ter a cabeça no lugar".
Tenere testa a qualcuno, "enfrentar alguém".
Andare via di testa, "perder a razão".
Spendere una cifra a testa, "gastar uma quantia por cabeça".
Testa di rapa, "pessoa burra".
Testa quadra, "pessoa tenaz".
Testa o croce?, "cara ou coroa?"
Essere in testa, "estar em primeiro lugar".
Mettersi in testa una cosa, "botar uma coisa na cabeça".

TESTATA (s.f.)
Além de TESTADA pode significar:
- CABEÇALHO (de página, capítulo, livro)
- CABECEIRA

La testata del letto, "a cabeceira da cama".
- CABEÇADA

Dare una violenta testata, "dar uma violenta cabeçada".
- OGIVA (de um míssil)

Missile a testata nucleare, "míssil de ogiva nuclear".

TESTE (s.m. e f.)
É: TESTEMUNHA, pois "teste", em it., é: *test*.

TETTO (s.m.)
É: TELHADO, pois "teto", em it., é: *soffitto*.
Il gatto è sul tetto, "o gato está no telhado".

TI (pron.pess.m. e f.sing. de 2ª pess.)
Este pron. deve ser traduzido por: TE ("ti", em it., é: *te*), com função de O.D.:
Io ti vedo, "eu te vejo".
E com função de O.I.:
Io ti telefono, "eu te telefono (a ti)".
Nota: quando *ti* é seguido por *lo, la, li, le* ou *ne*, transforma-se em *te*.
Io te lo prometto, "eu te prometo isto".

TIFO (s.m.)
Além de TIFO (doença) significa: TORCIDA na expressão: *fare il tifo*, "torcer".

T

■ TIRA (s.f.)
Não se trata de "tira" (em it., *striscia*) mas de: DISCUSSÃO, CONTENDA.

■ TIZIO (s.m.)
Não é nem "tiziu" (pássaro) nem "titio" (em it., *zio*). É: FULANO.
Ha sposato un tizio qualunque, "casou com um fulano qualquer".
Obs.: *Tizio, Caio e Sempronio*, "fulano, sicrano e beltrano".

■ TOCCO (s.m. e adj.)
Tem vários significados:
■ TOQUE
Il tocco della campana, "o toque do sino".
■ 13 HORAS
Ci troviamo al tocco, "nos encontramos às 13 horas".
■ PEDAÇO GRANDE
Un tocco di formaggio, "um pedaço grande de queijo".
■ BARRETE, CARAPUÇA
A expressão: *un tocco d'asino* significa: "uma pessoa muito ignorante".
Como adj. o significa: LOUCO, ESTRANHO.
Quel ragazzo è un po' tocco, "aquele rapaz é um pouco estranho".
"Toco", em it., é: *ceppo*.

■ TOGLIERE (v.t.)
É: TIRAR
Potete togliere la giacca, "podem tirar o casaco".
"Tolher", em it., é: *proibire, privare, impedire*.

■ TOPO (s.m.)
Não é "topo" (em it., *urto* | *cima*) mas: RATO.
Topo domestico, "rato doméstico".

■ TOPPA (s.f.)
Segundo o *Dicionário Aurélio*, este termo denota "certo brinquedo de crianças", o que não tem nada a ver com o sentido it. de: REMENDO | FECHADURA.
Avere i pantaloni pieni di toppe, "ter as calças cheias de remendos".
Lasciare la chiave nella toppa, " deixar a chave na fechadura".

■ TOPPO (s.m.)
É: CEPA e não "topo" (em it., *urto* | *cima*).

TOSCO (adj. e s.m.)
Com a função de adj. é termo lit. que quer dizer: TOSCANO (da região da Toscana).
Como s.m., também lit.: VENENO.
"Tosco", em it., é: *grezzo | grossolano, rozzo, ruvido.*

TOVAGLIA (s.f.)
É apenas TOALHA DE MESA, pois a de "banho", em it., é: *asciugamano (lungo o corto).*
Una tovaglia ricamata a mano, "uma toalha de mesa bordada a mão".

TRABALLIO (s.m.)
Traduz-se por: BAMBOLEIO, OSCILAÇÃO.
Il traballio della nave, "a oscilação do navio".
"Trabalho", em it., é: *lavoro.*

TRACCHEGGIARE (v.int.)
É: ADIAR UMA DECISÃO, TEMPORIZAR, pois "traquejar", em it., é: *inseguire.*

TRAMITE (s.m. e prep.)
Quando s. traduz-se por: TRAMITE.
Como prep., porém, é: POR MEIO DE, ATRAVÉS DE.
Mandami i libri tramite l'Ambasciata, "mande-me os livros através da Embaixada".

TRATTO (s.m.)
Além de TRATO tem várias traduções possíveis:
- PUXADA

Un tratto di corda, "uma puxada de corda".
- TRAÇO

Un tratto di penna, "um traço de caneta".
- LAPSO (de tempo)

Un tratto di tempo, "um lapso de tempo".
- IMPULSO (fig.)

In un tratto di generosità, "em um impulso de generosidade".
- TRECHO

Ho letto un tratto del tuo libro, "li um trecho do teu livro".
Un tratto di cielo, di mare, di strada, "um trecho de céu, de mar, de rua".
- MANEIRA DE AGIR

Dal tratto si vede che è un signore, "pela maneira de agir percebe-se que é uma pessoa distinta".
Em algumas locuções:
A un tratto, d'un tratto, tutto a un tratto, "de repente".
Di tratto in tratto, "de vez em quando".

A tratti, "a intervalos".
No pl.: TRAÇOS, CARACTERÍSTICAS.
I tratti del volto, "os traços do rosto".
I tratti di un periodo storico, "as características de um período histórico".

▪ TRAVAGLIARE (v.t. e int.)

É: CAUSAR SOFRIMENTO, ATORMENTAR (espiritualmente).
La lunga permanenza in ospedale lo ha travagliato, "a longa permanência no hospital causou-lhe sofrimento".
È la gelosia che ti travaglia, "é o ciúme que te atormenta".
Na forma int., é termo usado na lit.: CANSAR-SE | AFLIGIR-SE | ATORMENTAR-SE.
"Trabalhar", em it., é: *lavorare*.

▪ TRAVAGLIO (s.m.)

Termo lit. que quer dizer: TRABALHO ÁRDUO | DOR, SOFRIMENTO | ANGÚSTIA, TORMENTO | PEIA (Veterinária). Antigamente tinha o sentido de: TRABALHO.
Il travaglio del dubbio, "a angústia da dúvida".
Il travaglio di parto, "as dores do parto".
Il travaglio dei rimorsi, "o sofrimento dos remorsos".
"Trabalho", em it., é: *lavoro*.

▪ TREMARE (v.int.)

Significa: TREMER.
Tremano dal freddo, "tremem de frio".
"Tremar", em it., é: *segnare con la dieresi* | *disfare*.

▪ TRENO (s.m.)

Trata-se de TREM e não de "trenó" (em it., *slitta*).
A che ora parte il treno?, "a que horas parte o trem?".

▪ TREVO (s.m.)

Termo marítimo que indica:
VELA MAIOR E MAIS BAIXA DAS TRÊS DE UM MESMO MASTRO.
"Trevo", em it., é: *trifoglio*.

▪ TRIGLIA (s.f.)

Deve ser traduzido apenas no sentido de TRILHA (peixe), pois na acepção de "rastro | pista", em it., é *traccia, orma* | *sentiero*.
Mi piacciono molto le triglie arrosto, "gosto muito de trilhas assadas".
Com este termo há a expressão:
Fare l'occhio di triglia, "paquerar".

TRINARE (v.t.)
Não é "trinar" (em it., *trillare, gorgheggiare*) e sim: GUARNECER, ENFEITAR DE RENDAS.
Ho trinato la camicetta, "enfeitei a blusa de rendas".

TRINATO (adj.)
Traduz-se por: RENDADO, GUARNECIDO DE RENDAS.
Un vestito trinato, "um vestido rendado".
"Trinado", em it., é: *gorgheggio*.

TRINCA (s.f. e m.)
No f. é: TRINCA (termo marítimo).
No m. é: BEBERRÃO.
Não tem o significado de "rachadura" (em it., *incrinatura*) nem de "reunião de três cartas" (em it., *tris*).
Nuovo di trinca, "novinho em folha".

TRINCARE (v.t.)
Em it. não tem os sentidos que esta palavra possui em port. Significa:
- AMARRAR COM A TRINCA (marítimo)
- BEBER EM DEMASIA

Ieri ho trincato birra, "ontem bebi cerveja em demasia".
"Trincar", em it., é: *trinciare | incrinare*.

TRISTO (adj.)
Antigamente era usado com o significado de: TRISTE. Depois passou a denotar:
MAU, MALVADO, PERVERSO.
Un tristo presentimento, "um mau pressentimento".

TROCO (s.m.)
Não quer dizer "troco" (em it., *resto*) mas: MOLUSCO GASTRÓPODE DO MEDITERRÂNEO.

TROIA (s.f.)
Traduz-se por:
- PORCA (fêmea do porco)
- PROSTITUTA

"Tróia", em it., é: *torneo | grande rete da pesca*.

TROVARE (v.t., pron. e reflex.)
Além de TROVAR tem o sentido de: ENCONTRAR, ACHAR.
Ho trovato Mario in centro, "encontrei Mário no centro".
Trovo che non sia giusto cambiare idea adesso, "acho que não é justo mudar de idéia agora".

Na voz reflex. e na forma pron.: ENCONTRAR-SE.
Mi trovavo allora a Roma, "encontrava-me, naquela ocasião, em Roma".
Si trova in pessime condizioni di salute, "encontra-se em péssimas condições de saúde".
Chi cerca trova, "quem procura acha".

TRUFFA (s.f.)
Não é "trufa" (em it., *tartufo*) e sim: TRAPAÇA, FRAUDE.
Truffa all'americana, "conto do vigário".

TRUFFARE (v.t.)
É: LOGRAR, ENGANAR e não "rechear ou guarnecer com trufas" (em it., *riempire o guarnire con tartufi*).
Siamo stati truffati dal venditore, "fomos logrados pelo vendedor".

U

- **ULTIMATO** (adj. e part.pass. de *ultimare*)
Não deve ser traduzido por "ultimato" (em it., ou melhor, em latim, "ultimatum") mas por: ACABADO, TERMINADO.
Usciremo a lavoro ultimato, "sairemos quando o trabalho estiver terminado".

- **UTILE** (adj. e s.m.)
Como adj. tem o sentido de ÚTIL.
Questo manuale è molto utile, "este manual é muito útil".
Como s. significa: ÚTIL, LUCRO.
Bisogna unire l'utile al dilettevole, "é preciso unir o útil ao agradável".
Ha una partecipazione agli utili dell'impresa, "tem uma participação nos lucros da empresa".

V

- **VACCINA** (s.f.)
Pode ser traduzido de duas maneiras:
  - CARNE DE VACA
  - ESTERCO DE VACA

"Vacina", em it., é: *vaccino*.

- **VACCINO** (s.m. e adj.)
Como s. é: VACINA.
Il bambino deve sottoporsi al vaccino antidifterico, "a criança deve tomar a vacina antidiftérica".
Como adj. tem os seguintes significados:
  - DE VACA

Può bere solo latte vaccino, "só pode beber leite de vaca".
  - BOVINO

Bestiame vaccino, "gado bovino".

- **VAIATO** (adj.)
Não é "vaiado" (em it., *fischiato*) e sim: MANCHADO DE PRETO, ENEGRECIDO.
Pelle vaiata, "pele branca e preta".

- **VALENTE** (adj. e part.pres. de *valere*)
Significa: CAPAZ, HÁBIL | QUE TEM VALOR | EXCELENTE.
Un artigiano, un medico, un operaio valente, "um artesão, um médico, um operário hábil".
"Valente", em it., é: *valoroso*.

V

■ VALSA (part.pass.f. de *valere*)
Não pode ser traduzido por "valsa" (em it., *valzer*), pois se trata do part.pass.f. do v. *valere*, no feminino.
Credo che non ne sia valsa la pena, "acho que não valeu a pena".

■ VARARE (v.t. e pron.)
Tem várias traduções possíveis:
- ■ LANÇAR AO MAR (navio acabado de construir).

La nave è stata varata nel porto di Santos, "o navio foi lançado ao mar no porto de Santos".

- ■ ACABAR, PUBLICAR, LANÇAR A PÚBLICO

Varare un romanzo, una rivista, un giornale, "publicar um romance, uma revista, um jornal".

- ■ APROVAR

Il governo ha varato la nuova legge antidroga, "o governo aprovou a nova lei antidroga".
Obs.: na forma pron. o sentido é igual ao port.: ENCALHAR-SE, na expressão:
vararsi in costa, in secca, "encalhar na costa, no seco".
"Varar", em it., é: *bastonare | trafiggere*.

■ VARO (adj. e s.m.)
Como adj. é igual ao port.: VARO.
Como s. é: LANÇAMENTO DE UM NAVIO AO MAR | APROVAÇÃO DEFINITIVA (de uma lei).
Il varo della corazzata è stato rimandato, "o lançamento ao mar do encouraçado foi adiado".
Il varo di quella legge è stato molto laborioso, "a aprovação definitiva daquela lei foi muito trabalhosa".

■ VASCA (s.f.)
Deve traduzir-se por: BANHEIRA, CONCHA DE FONTE.
Fare il bagno in vasca, "tomar banho de banheira".
"Vasca", em it., é: *ansia, convulsione*.
Obs.: às vezes pode significar: PISCINA.
Fare le vasche, "nadar em uma piscina de um lado para outro (no sentido mais longo).

■ VEGLIA (s.f.)
Não é "velha" (em it., *vecchia*) mas:
- ■ VIGÍLIA, O VELAR

Stare tra la veglia e il sonno, "estar entre a vigília e o sono".
- ■ VELÓRIO

Ho passato tutta la notte alla veglia di Tommaso, "passei a noite toda no velório do Tommaso".
Obs.: *fare la veglia* significa: "vigiar, velar".

V

▪ VELA (s.f.)
Possui apenas o significado de VELA (de barco) e não o de "vela de alumiar" (em it., *candela*).
Le vele della mia barca sono bianche e azzurre, "as velas do meu barco são brancas e azuis".
Gli inglesi sono grandi campioni di vela, "os ingleses são grandes campeões de vela".
A gonfie vele significa: favoravelmente, otimamente.

▪ VERA (s.f. e adj.)
Como s. deve ser vertido por: ALIANÇA (anel).
Lo sposo ha dimenticato le vere (e aberto), "o noivo esqueceu as alianças".
Como adj. significa: VERDADEIRA (o e é fechado).
Questa è una storia vera, "esta é uma história verdadeira".
A loc. "à vera", em it., é: *sul serio*.

▪ VERDETTO (s.m.)
Não se trata de "verdete", acetato de cobre (em it., *verderame*) e sim de: VEREDICTO.
Il verdetto della storia è sempre quello più oggettivo, "o veredito da história é sempre o mais objetivo".

▪ VERGARE (v.t.)
▪ VERGALHAR, BATER (com uma verga), AÇOITAR
▪ MANUSCREVER, ESCREVER A MÃO
▪ LISTRAR (tecido)
"Vergar", em it., é: *curvare | piegare*.

▪ VERONE (s.m.)
Trata-se de termo usado em lit. com o significado de: SACADA, BALCÃO.
"Verão", em it., é: *estate*.

▪ VERSO[1] (s.m.)
Traduz-se por:
▪ VERSO, nos mesmos dois sentidos que possui em port.
a) *Un verso di Dante*, "um verso de Dante".
Obs.: no pl. pode denotar: POESIAS, POEMAS.
I versi del Petrarca, "as poesias do Petrarca".
b) *Il verso della pagina, della moneta, della medaglia, della foglia*, "o verso da página, da moeda, da medalha, da folha".
▪ VOZ, GRITO, CANTO (de animais)
Il verso dell'usignolo, "o canto do rouxinol".

V

■ DIREÇÃO, SENTIDO
Non vi siete accorti che andavate per il verso sbagliato?, "não repararam que iam na direção errada?".
■ MODO, MANEIRA
Non c'è stato verso di convincerlo, "não houve modo de convencê-lo".
É usado com outra significação em várias expressões, tais como:
Rifare il verso a qualcuno, "imitar alguém".
Cose senza verso né piedi, "coisas sem pé nem cabeça".
Rispondere per il verso, "responder no tom".
Procedere per il suo verso, "proceder regularmente".
Pigliare qualcuno per il suo verso, "saber lidar com alguém".
Fare a suo verso, "fazer a seu modo".

■ **VERSO**^{2} (prep.)
■ NA DIREÇÃO DE, PARA
Amore verso il prossimo, "amor para com o próximo".
Andare verso il centro, "ir em direção ao centro".
■ EM (POR) VOLTA DE, ACERCA DE
Usciremo verso le cinque, "sairemos por volta das cinco".

■ **VERTERE** (v.int.)
Este v. é usado só na 3.ª pess.sing. dos tempos simples. Significa:
DIZER RESPEITO, CONSISTIR | ESTAR EM CURSO, PENDENTE.
La discussione verte sul sesso degli angeli, "a discussão diz respeito ao sexo dos anjos".
Tra le due famiglie verte una lite in tribunale, "entre as duas famílias está em curso uma briga no tribunal".
"Verter", em it., é: *versare | rovesciare | tradurre*.

■ **VINCO** (s.m.)
É: VIME e não "vinco" (em it., *piega*).
I mobili della casa sono tutti in vinco, "os móveis da casa são todos de vime".

■ **VITA** (s.f.)
Além de VIDA significa: CINTURA.
Essere tra la vita e la morte, "estar entre a vida e a morte".
Il vestito va bene, bisogna solo stringerlo un po' in vita, "o vestido está bem, é preciso apenas apertá-lo um pouco na cintura".
Há algumas expressões:
Vita natural durante, "por todo o resto da vida".
Carcere a vita, "prisão perpétua".
Conoscere vita, morte e miracoli di qualcuno, "estar ao par de tudo da vida de alguém, ser fofoqueiro".

Passare a miglior vita, "morrer".
Su con la vita!, "coragem!".

VIZZO (adj.)
Tem exatamente o sentido oposto, pois significa: MURCHO, RUGOSO.
Un fiore vizzo, "uma flor murcha".
La pelle vizza dei vecchi, "a pele rugosa dos velhos".
"Viço", em it., é: *rigoglio, vigore*.

VOLTA (s.f.)
É: VIRADA, GIRO, VOLTA e também VEZ.
La prima volta, "a primeira vez".
A loc.adv.: *alla volta di* tem o sentido de: "na direção de, em direção a".
Andiamo alla volta di Roma, "vamos em direção a Roma".
Pode significar também: ABÓBADA.
La volta del cielo, "a abóbada celeste".
Notar as expressões:
C'era una volta, "era uma vez".
La volta del palato, "o céu da boca".
Tutto in una volta, "de uma só vez".
Due per volta, "dois de cada vez"
Tre volte tre, "três vezes três".
Certe volte, "algumas vezes".
Una volta che, "uma vez que, do momento em que".
La volta plantare, "o arco da planta do pé".
Una buona volta, "de uma vez por todas".
Una volta tanto, "de vez em quando".

VOLTARE (v.t., pron. e reflex.)
Pode ser traduzido por VOLTAR mas é mais usado com o sentido de: VIRAR.
Voltare le pagine, "virar as páginas".
Appena mi vide, mi voltò le spalle, "assim que me viu, virou as costas".
Na voz reflex. significa: VIRAR-SE, DIRIGIR-SE.
Voltarsi verso il Sud, "dirigir-se para o Sul".
Na forma pron.: MUDAR.
Il tempo si volta, "o tempo muda".

Z

- **ZAINO** (s.m. e adj.)
  Como s. difere do port. Significa: MOCHILA.
  Uno zaino pieno di libri, "uma mochila cheia de livros".
  Como adj. é igual ao port.: ZAINO ("cavalo castanho-escuro, sem mescla").

- **ZAMPARE** (v.int.)
  Não é "zampar" (em it., *divorare*) mas: PATEAR, ESTROPEAR, ESPERNEAR.
  Il cavallo ha zampato tutta la notte, "o cavalo pateou a noite toda".
  Il bambino zampa quando fa le bizze, "o menino esperneia quando faz pirraça".

- **ZOMBARE** (v.t.)
  Termo popular da Toscana que quer dizer: PERCUTIR, BATER COM FORÇA.
  "Zombar", em it., é: *prendere in giro*.

- **ZONZO** (onom.)
  Voz onom. usada apenas na expressão:
  Andare a zonzo, que quer dizer: VADIAR, ANDAR SEM OBJETIVO.
  Va a zonzo invece di studiare per l'esame, "vadia em vez de estudar para o exame".
  "Zonzo", em it., é: *intontito, stordito*.

- **ZOPPO** (adj.)
  É: COXO, MANCO e não "zopo" (em it., *storpio* | *indolente*).
  Lui è zoppo da un piede, "ele é manco de um pé".

ZUPPA (s.f.)

É: SOPA, não tendo nenhuma relação com "zupa" (interjeição que significa: "voz imitativa do som produzido por manada").
Ho preso una zuppa di verdure, "tomei uma sopa de verduras".
Pode significar também: COISA TEDIOSA, PROLIXA.
Questa conferenza è una zuppa, "esta conferência é tediosa, prolixa".
No sentido fig.: CONFUSÃO, MISTURA (de coisas heterogêneas).
In quella musica c'è una zuppa di temi, "naquela música há uma mistura de temas".
Há as expressões:
Se non è zuppa è pan bagnato, "não há diferença alguma entre as duas coisas".
Fare la zuppa nel vino, nel latte, nel marsala, "amolecer pão ou biscoitos no vinho, no leite, no marsala".
Zuppa inglese, "doce à base de pão-de-ló molhado no licor e recheado de creme e chocolate".
È tutt' una zuppa, "é sempre a mesma coisa".

SUBSTANTIVOS DE GÊNEROS DIFERENTES

A

L'abbonamento (s.m.)	A assinatura (s.f.)
L'abbordaggio (s.m.)	A abordagem (s.f.)
L'acetone (s.m.)	A acetona (s.f.)
L'acquaio (s.m.)	A pia de cozinha (s.f.)
L'acquerello (s.m.)	A aquarela (s.f.)
L'adattamento (s.m.)	A adaptação (s.f.)
L'aggiotaggio (s.m.)	A agiotagem (s.f.)
L'ago (s.m.)	A agulha (s.f.)
L'aiuto (s.m.)	A ajuda (s.f.)
L'albero (s.m.)	A árvore (s.f.)
L'aldeide (s.f.)	O aldeído (s.m.)
Le Alpi (s.f.pl.)	Os Alpes (s.m.pl.)
L'amperaggio (s.m.)	A amperagem (s.f.)
L'anatra (s.f.)	O pato (s.m.)
L'anemone (s.m.)	A anêmona (s.f.)
L'antilope (s.f.)	O antílope (s.m.)
L'antracite (s.f.)	O antracito (s.m.)
L'appalto (s.m.)	A empreitada (s.f.)
L'arancio (s.m.)	A laranja, a laranjeira (s.f.)
L'arbitraggio (s.m.)	A arbitragem (s.f.)
L'argento (s.m.)	A prata (s.f.)
L'aria (s.f.)	O ar (s.m.)
L'aringa (s.f.)	O arenque (s.m.)
L'arrivo (s.m.)	A chegada (s.f.)
L'asciugamano (s.m.)	A toalha de banho (s.f.)
L'assicurazione (s.f.)	O seguro (s.m.)
L'atterraggio (s.m.)	A aterrissagem (s.f.)
L'automobile (s.f.)	O automóvel (s.m.)
L'avanzo (s.m.)	A sobra (s.f.)

B

Il bacino (s.m.)	A bacia (s.f.)
La banca (s.f.)	O banco (s.m.)

La barca (s.f.)	O barco (s.m.)
Il battero, il batterio (s.m.)	A bactéria (s.f.)
Il battito (s.m.)	A batida (s.f.)
Il bendaggio (s.m.)	A bandagem (s.f.)
I bermuda (s.m.pl.)	A bermuda (s.f.)
Il boa (s.m.)	A boa (s.f.)
Il bocchino (s.m.)	A piteira (s.f.)
La boxe (s.f.)	O boxe (s.m.)
Il bracciale, il braccialetto (s.m.)	A pulseira (s.f.)
La busta (s.f.)	O envelope (s.m.)

C

Il cabotaggio (s.m.)	A cabotagem (s.f.)
Il calamaro (s.m.)	A lula (s.f.)
La calamita (s.f.)	O ímã (s.m.)
Il camoscio (s.m.)	A camurça (s.f.)
Il cambiamento (s.m.)	A mudança (s.f.)
La camera (s.f.)	O quarto (s.m.)
Il camino (s.m.)	A chaminé (s.f.)
La campana (s.f.)	O sino (s.m.)
Il campanello (s.m.)	A campainha (s.f.)
La canapa (s.f.)	O cânhamo (s.m.)
Il cancello (s.m.)	A cancela (s.f.)
Il canottaggio (s.m.)	A canoagem (s.f.)
Il cappero (s.m.)	A alcaparra (s.f.)
Il carciofo (s.m.)	A alcachofra (s.f.)
Il carenaggio (s.m.)	A carenagem (s.f.)
Il carico (s.m.)	A carga (s.f.)
La carta (s.f.)	O papel (s.m.)
La cartolina (s.f.)	O cartão-postal (s.m.)
La cartuccia (s.f.)	O cartucho (s.m.)
Il cassetto (s.m.)	A gaveta (s.f.)
Il cataplasma (s.m.)	A cataplasma (s.f.)
La caviglia (s.f.)	O tornozelo (s.m.)
Il cavolfiore (s.m.)	A couve-flor (s.f.)
Il cavolo (s.m.)	A couve (s.f.)
La cena (s.f.)	O jantar (s.m.)
Il chilometraggio (s.m.)	A quilometragem (s.f.)
Le ciglia (s.f.pl.)	Os cílios (s.m.pl.)
(mas no sing. é m.: il ciglio)	
La cimice (s.f.)	O percevejo (s.m.)
La cipria (s.f.)	O pó-de-arroz (s.m.)

La cisti (s.f.)	O cisto (s.m.)
Il clarinetto (s.m.)	A clarineta (s.f.)
Il cobra (s.m.)	A cobra (s.f.)
Il cocomero (s.m.)	A melancia (s.f.)
La collana (s.f.)	O colar (s.m.)
Il collare (s.m.)	A coleira (s.f.)
Il colletto (s.m.)	A gola (s.f.)
Il colore (s.m.)	A cor (s.f.)
Il coltello (s.m.)	A faca (s.f.)
La coltivazione (s.f.)	O cultivo (s.m.), a cultivação (s.f.)
La cometa (s.f.)	O cometa (s.m.)
Il comó (s.m.)	A cômoda (s.f.)
Il comodino (s.m.)	A mesinha de cabeceira (s.f.)
La comparsa (s.f.)	O comparsa (s.m.)
Il compenso (s.m.)	A compensação (s.f.)
La (il) componente (s.f. e m.)	O componente (s.m.)
La conceria (s.f.)	O curtume (s.m.)
La conoscenza (s.f.)	O conhecimento (s.m.)
La coperta (s.f.)	O cobertor (s.m.)
La contea (s.f.)	O condado (s.m.)
Il conteggio (s.m.)	A contagem (s.f.)
Il conto (s.m.)	A conta (s.f.)
Il contrordine (s.m.)	A contra-ordem (s.f.)
Il controspionaggio (s.m.)	A contra-espionagem (s.f.)
Il coperchio (s.m.)	A tampa (s.f.)
Il coraggio (s.m.)	A coragem (s.f.)
La corazzata (s.f.)	O encouraçado (s.m.)
Il cortisone (s.m.)	A cortisona (s.f.)
Il cortometraggio (s.m.)	A curta-metragem (s.f.)
Il crampo (s.m.)	A câimbra (s.f.)
Il cratere (s.m.)	A cratera (s.f.)
La crema (s.f.)	O creme (s.m.)
La crescita (s.f.)	O crescimento (s.m.)
Il crine (s.m.)	A crina (s.f.)
La crociera (s.f.)	O cruzeiro (s.m.)
Il cucchiaio (s.m.)	A colher (s.f.)

D

Il dattero (s.m.)	A tâmara (s.f.)
Il decollo, il decollaggio (s.m.)	A decolagem (s.f.)
Il debito (s.m.)	A dívida (s.f.)
La diffida (s.f.)	O desafio (s.m.)

La diga (s.f.)	O dique (s.m.)
La dinamo (s.f.)	O dínamo (s.m.)
Il disonore (s.m.)	A desonra (s.f.)
Il disordine (s.m.)	A desordem (s.f.)
La doccia (s.f.)	O chuveiro (s.m.)
Il dolore (s.m.)	A dor (s.f.)
La domenica (s.f.)	O domingo (s.m.)
Il doppiaggio (s.m.)	A dublagem (s.f.)
Il dosaggio (s.m.)	A dosagem (s.f.)
La dote (s.f.)	O dote (s.m.)
Il dragaggio (s.m.)	A dragagem (s.f.)
Il drenaggio (s.m.)	A drenagem (s.f.)
Il dubbio (s.m.)	A dúvida (s.f.)

▪ E

L'eclisse (s.f.)	O eclipse (s.m.)
L'eco (s.f., apenas no sing.)	O eco (s.m.)
L'elettrocalamita (s.f.)	O eletroímã (s.m.)
L'enzima (s.m.)	A enzima (s.f.)
L'equipaggio (s.m.)	A equipagem (s.f.)
L'estasi (s.f.)	O êxtase (s.m.)
L'estate (s.f.)	O verão (s.m.)

▪ F

Il fango (s.m.)	A lama (s.f.)
La fine (s.f.)	O fim (s.m.)
Il fiore (s.m.)	A flor (s.f.)
Il fissaggio (s.m.)	A fixagem (s.f.)
Il flauto (s.m.)	A flauta (s.f.)
La fodera (s.f.)	O forro (s.m.)
Il foglio (s.m.)	A folha (s.f.)
Il foraggio (s.m.)	A foragem (s.f.)
La forchetta (s.f.)	O garfo (s.m.)
La fragola (s.f.)	O morango (s.m.)
La frenesia (s.f.)	O frenesi (s.m.)
La frusta (s.f.)	O chicote (s.m.)
Il fumo (s.m.)	A fumaça (s.f.)
La funicolare (s.f.)	O funicular (s.m.)

▪ G

Il gabbiano (s.m.)	A gaivota (s.f.)
Il garage (s.m.)	A garagem (s.f.)

Il gettone (s.m.) .... A ficha telefônica (s.f.)
Il ghiacciaio (s.m.) .... A geleira (s.f.)
Il giacimento (s.m.) .... A jazida (s.f.)
La giada (s.f.) .... O jade (s.m.)
Il gioiello (s.m.) .... A jóia (s.f.)
La giostra (s.f.) .... O carrossel (s.m.)
Il giunto (s.m.) .... A junta (s.f.)
Il glande (s.m.) .... A glande (s.f.)
Il glicine (s.m.) .... A glicínia (s.f.)
La grattugia (s.f.) .... O ralador (s.m.)
La gru (s.f.) .... O guindaste (s.m.)
La gruccia (s.f.) .... O cabide (s.m.)
Il guanto (s.m.) .... A luva (s.f.)
La guardia (s.f.) .... O guarda (s.m.)
Il guinzaglio (s.m.) .... A trela (s.f.)
Il guscio (s.m.) .... A casca (s.f.)

I

L'icona (s.f.) .... O ícone (s.m.)
L'iguana (s.f.) .... O iguana (s.m.)
L'imballaggio (s.m.) .... A embalagem (s.f.)
L'impennaggio (s.m.) .... A empenagem (s.f.)
L'impianto (s.m.) .... A instalação (s.f.)
L'imposta (s.f.) .... O imposto (s.m.)
L'incavo (s.m.) .... A encava (s.f.)
L'inchiostro (s.m.) .... A tinta de escrever (s.f.)
L'ingranaggio (s.m.) .... A engrenagem (s.f.)
L'intervento (s.m.) .... A intervenção (s.f.)
L'intesa (s.f.) .... O entendimento (s.m.)
L'intrigo (s.m.) .... A intriga (s.f.)
L'invio (s.m.) .... A remessa (s.f.)
L'ipoderma (s.m.) .... A hipoderme (s.f.)

L

Le labbra (s.f.pl. mas é m. no sing.) .... Os lábios (s.m.pl.)
Il lampone (s.m.) .... A framboesa (s.f.)
La lancetta (s.f.) .... O ponteiro (s.m.)
Il lattosio (s.m.) .... A lactose (s.f.)
Il lavaggio (s.m.) .... A lavagem (s.f.)
La lavagna (s.f.) .... O quadro-negro (s.m.)
Il lavandino (s.m.) .... A pia do banheiro (s.f.)

Il leggio (s.m.) .... A estante de música (s.f.)
Il legno (s.m.) .... A madeira (s.f.)
Le lenzuola (s.f.pl. mas é m. no sing.) Os lençóis (s.m.pl.)
Il letto (s.m.) .... A cama (s.f.)
Il lievito (s.m.) .... A levedura (s.f.)
Il lignaggio (s.m.) .... A linhagem (s.f.)
La lince (s.f.) .... O lince (s.m.)
Il linguaggio (s.m.) .... A linguagem (s.f.)
La liquerizia (s.f.) .... O alcaçuz (s.m.)
La lombaggine (s.f.) .... O lumbago (s.m.)
La lucciola (s.f.) .... O vaga-lume (s.m.)
La lucertola (s.f.) .... O lagarto (s.m.)
La lumaca (s.f.) .... O caracol (s.m.)
La lunghezza (s.f.) .... O comprimento (s.m.)

M

La macelleria (s.f.) .... O açougue (s.m.)
Il mandarino (s.m.) .... A tangerina (s.f.)
Il mango (s.m.) .... A manga (s.f.)
La mappa (s.f.) .... O mapa (s.m.)
Il maquillage (s.m.) .... A maquiagem (s.f.)
Il marciapiede (s.m.) .... A calçada (s.f.)
Il margine (s.m.) .... A margem (s.f.)
Il massaggio (s.m.) .... A massagem (s.f.)
Il melo (s.m.) .... A macieira (s.f.)
La meteora (s.f.) .... O meteoro (s.m.)
Il metraggio (s.m.) .... A metragem (s.f.)
La midolla (s.f.), il midollo (s.m.) ...... O miolo de pão (s.m.)
Il miglio (s.m.) .... A milha (s.f.)
Il millepiedi (s.m.) .... A centopéia (s.f.)
La milza (s.f.) .... O baço (s.m.)
Il miraggio (s.m.) .... A miragem (s.f.)
Il missaggio (s.m.) .... A mixagem (s.f.)
La modella (s.f.) .... O modelo (s.m.)
La mollica (s.f.) .... O miolo de pão (s.m.)
Il montaggio (s.m.) .... A montagem (s.f.)
La muffa (s.f.) .... O mofo (s.m.)

N

Il nastro (s.m.) .... A fita (s.f.)
La nave (s.f.) .... O navio (s.m.)

Il negozio (s.m.)	A loja (s.f.)
Il nespolo (s.m.)	A nespereira (s.f.)
La nicchia (s.f.)	O nicho (s.m.)
Il nuoto (s.m.)	A natação (s.f.)

O

L'oasi (s.f.)	O oásis (s.m.)
L'obiettivo (s.m.)	A objetiva (s.f.)
L'oca (s.f.)	O ganso (s.m.)
L'occhiello (s.m.)	A casa do botão (s.f.)
L'oliera (s.f.)	O galheteiro (s.m.)
L'olivo (s.m.)	A oliveira (s.f.)
L'onice (s.f.)	O ônix (s.m.)
L'onore (s.m.)	A honra (s.f.)
L'opale (s.m.)	A opala (s.f.)
L'ordine (s.m.)	A ordem (s.f.)
L'orlo (s.m.)	A orla, a bainha (s.f.)
L'ortaggio (s.m.)	A hortaliça (s.f.)
L'orto (s.m.)	A horta (s.f.)
L'orzo (s.m.)	A cevada (s.f.)
L'ottano (s.m.)	A octana (s.f.)
Gli ottavi di finale (s.m.pl.)	As oitavas de final (s.f.pl.)
L'ovaia (s.f.)	O ovário (s.m.)

P

Il paesaggio (s.m.)	A paisagem (s.f.)
La paga (s.f.)	O salário (s.m.)
La pagella (s.f.)	O boletim (s.m.)
La pagoda (s.f.)	O pagode (s.m.)
Le paia (s.f.pl. mas é m. no sing.)	Os pares (s.m.pl.)
La pallacanestro (s.f.)	O basquetebol (s.m.)
La pallamano (s.f.)	O handball (s.m.)
La pallanuoto (s.f.)	O pólo aquático (s.m.)
La pallavolo (s.f.)	O voleibol (s.m.)
La palude (s.f.)	O palude (s.m.)
La panca (s.f.)	O banco (s.m.)
La panchina (s.f.)	O banco (s.m.)
I pantaloni (s.m.pl.)	As calças (s.f.pl.)
La papaia (s.f.)	O mamão (s.m.)
Il papavero (s.m.)	A papoula (s.f.)
Il parabrezza (s.m.)	O pára-brisa (s.m.)

I paraggi (s.m.pl.)	As paragens (s.f.pl.)
La parolaccia (s.f.)	O palavrão (s.m.)
Il passaggio (s.m.)	A passagem (s.f.)
La passeggiata (s.f.)	O passeio (s.m.)
La pasta (s.f.)	O macarrão, o doce (s.m.)
Il pasto (s.m.)	A refeição (s.f.)
Il pattinaggio (s.m.)	A patinação, a patinagem (s.f.)
La paura (s.f.)	O medo (s.m.)
La pece (s.f.)	O piche (s.m.)
La pedata (s.f.)	O pontapé (s.m.)
Il pellegrinaggio (s.m.)	A peregrinação (s.f.)
Il pepe (s.m.)	A pimenta (s.f.)
Il percentuale (s.m.)	A porcentagem (s.f.)
La pergamena (s.f.)	O pergaminho (s.m.)
Il permesso (s.m.)	A permissão (s.f.)
Il pero (s.m.)	A pereira (s.f.)
Il personaggio (s.m.)	A personagem (s.f.)
	O personagem (s.m.)
La pesca (s.f.)	O pêssego (s.m.)
Il petalo (s.m.)	A pétala (s.f.)
Il pilastro (s.m.)	A pilastra (s.f.)
Il pilotaggio (s.m.)	A pilotagem (s.f.)
La pipa (s.f.)	O cachimbo (s.m.)
La pipì (s.f.)	O pipi (s.m.)
Il pisello (s.m.)	A ervilha (s.f.)
Il piumaggio (s.m.)	A plumagem (s.f.)
Il pizzo (s.m.)	A renda (s.f.)
La plastica (s.f.)	O plástico (s.m.)
Il platino (s.m.)	A platina (s.f.)
Il plusvalore (s.m.)	A mais-valia (s.f.)
Il polpaccio (s.m.)	A panturrilha (s.f.)
La polvere (s.f.)	O pó (s.m.)
Il pomeriggio (s.m.)	A tarde (s.f.)
Il ponte (s.m.)	A ponte (s.f.)
La portaerei (s.f.)	O porta-aviões (s.m.)
Il portafoglio (s.m.)	A carteira de dinheiro (s.f.)
La posata (s.f.)	O talher (s.m.)
La posta (s.f.)	O correio (s.m.)
Il prezzemolo (s.m.)	A salsa (s.f.)
La pula (s.f.)	O cascabulho (s.m.)
La purga (s.f.)	O purgante (s.m.)

Q

La quercia (s.f.)	O carvalho (s.m.)
La quinta (s.f.)	O bastidor (s.m.)
I quarti di finale (m.pl.)	As quartas de final (f.pl.)

R

La radio (s.f.)	O rádio (s.m.)
La raffinatezza (s.f.)	O requinte (s.m.)
Il ragguaglio (s.m.)	A informação (s.f.) ou A comparação (s.f.)
Il ragno (s.m.)	A aranha (s.f.)
Il ramaiolo (s.m.)	A concha (s.f.)
Le reni (s.f.pl. mas é m. no sing.)	Os rins (s.m.pl.)
Il reparto (s.m.)	A repartição (s.f.)
Il restauro (s.m.)	A restauração (s.f.)
Il ricatto (s.m.)	A chantagem (s.f.)
La ricevuta (s.f.)	O recibo (s.m.)
Il ricordo (s.m.)	A lembrança (s.f.)
Il ricupero (s.m.)	A recuperação (s.f.)
La rifinitura (s.f.)	O acabamento (s.m.)
Il rimbocco (s.m.)	A dobra (s.f.)
Il rimprovero (s.m.)	A repreensão (s.f.)
Il rinnovo (s.m.)	A renovação (s.f.)
La risorsa (s.f.)	O recurso (s.m.)
Il ritorno (s.m.)	A volta (s.f.)
La rivoltella (s.f.)	O revólver (s.m.)
Il rodaggio (s.m.)	A rodagem (s.f.)
La rotaia (s.f.)	O trilho (s.m.)
Il rubinetto (s.m.)	A torneira (s.f.)
Il rullaggio (s.m.)	A rodagem do avião (s.f.)

S

Il sabotaggio (s.m.)	A sabotagem (s.f.)
Il salasso (s.m.)	A sangria (s.f.)
La saliera (s.f.)	O saleiro (s.m.)
La salsa (s.f.)	O molho (s.m.)
La samba (s.f.)	O samba (s.m.)
Il sandalo (s.m.)	A sandália (s.f.)
La scacchiera (s.f.)	O tabuleiro de xadrez, dama, etc. (s.m.)
La scadenza (s.f.)	O vencimento ou o prazo (s.m.)

Lo scaffale (s.m.)	A prateleira (s.f.)
La scagliola (s.f.)	O alpiste (s.m.)
Lo scalo (s.m.)	A escala (s.f.)
Lo scarafaggio (s.m.)	A barata (s.f.)
Lo scarico (s.m.)	A descarga (s.f.)
La scarpa (s.f.)	O sapato (s.m.)
Lo schermo (s.m.)	A tela (s.f.)
Lo scherzo (s.m.)	A brincadeira (s.f.)
Lo schiaffo (s.m.)	A bofetada (s.f.)
La sciabola (s.f.)	O sabre (s.m.)
Lo sciacquone (s.m.)	A descarga de banheiro (s.f.)
La scimmia (s.f.)	O macaco (s.m.)
Lo sciopero (s.m.)	A greve (s.f.)
La scomparsa (s.f.)	O desaparecimento (s.m.)
Lo scompenso (s.m.)	A descompensação (s.f.)
La scorciatoia (s.f.)	O atalho (s.m.)
La scure (s.f.)	O machado (s.m.)
La segala, la segale (s.f.)	O centeio (s.m.)
Il setaccio, lo staccio (s.m.)	A peneira (s.f.)
La sfida (s.f.)	O desafio (s.m.)
La sfilata (s.f.)	O desfile (s.m.)
Il sidro (s.m.)	A cidra (s.f.)
La sigaretta (s.f.)	O cigarro (s.m.)
La slitta (s.f.)	O trenó (s.m.)
La smagliatura (s.f.)	O desmalho (s.m.)
La smentita (s.f.)	O desmentido (s.m.)
Lo smeraldo (s.m.)	A esmeralda (s.f.)
Lo smontaggio (s.m.)	A desmontagem (s.f.)
La sofferenza (s.f.)	O sofrimento (s.m.)
Il soggiorno (s.m.)	A estada (s.f.)
Il solletico (s.m.)	As cócegas (s.f.pl.)
Il sondaggio (s.m.)	A sondagem (s.f.)
Il sorpasso (s.m.)	A ultrapassagem (s.f.)
La sorsata (s.f.)	O gole (s.m.)
Il sospetto (s.m.)	A suspeita (s.f.)
Il sottopassaggio (s.m.)	A passagem subterrânea (s.f.)
Lo spaccio (s.m.)	A venda (s.f.), a loja (s.f.)
La spalla (s.f.)	O ombro (s.m.)
La spalliera (s.f.)	O espaldar (s.m.)
La sparatoria (s.f.)	O tiroteio (s.m.)

Lo spartito (s.m.) .... A partitura (s.f.)
Lo sperone (s.m.) .... A espora (s.f.)
Lo spigo (s.m.) .... A alfazema (s.f.)
La spigola (s.f.) .... O robalo (s.m.)
La spilla (s.f.) .... O broche (s.m.)
　　　　　　　　　　　　　　　　O alfinete de gravata (s.m.)
La spinta (s.f.) .... O empurrão (s.m.)
Lo spionaggio (s.m.) .... A espionagem (s.f.)
La spora (s.f.) .... O esporo (s.m.)
La spremuta (s.f.) .... O suco, o sumo (s.m.)
La staffa (s.f.) .... O estribo (s.m.)
La stalla (s.f.) .... O estábulo (s.m.)
Lo stallaggio (s.m.) .... A estrebaria (s.f.)
Lo stampaggio (s.m.) .... A estampagem (s.f.)
　　　　　　　　　　　　　　　　A impressão (s.f.)
Lo stinco (s.m.) .... A canela da perna (s.f.)
Lo stivale (s.m.) .... A bota (s.f.)
La stretta (s.f.) .... O aperto (s.m.)
Il succhiotto (s.m.) .... A chupeta (s.f.)
Il sughero (s.m.) .... A cortiça (s.f.)
La supposta (s.f.) .... O supositório (s.m.)
Lo svantaggio (s.m.) .... A desvantagem (s.f.)
La sveglia (s.f.) .... O despertador (s.m.)

T

La tagliatella (s.f.) .... O talharim (s.m.)
Il tapiro (s.m.) .... A anta (s.f.)
Il tartufo (s.m.) .... A trufa (s.f.)
La tasca (s.f.) .... O bolso (s.m.)
La tastiera (s.f.) .... O teclado (s.m.)
Il tasto (s.m.) .... A tecla (s.f.)
Il tatuaggio (s.m.) .... A tatuagem (s.f.)
Il tegame (s.m.) .... A frigideira (s.f.)
La telefonata (s.f.) .... O telefonema (s.m.)
La terzina (s.f.) .... O terceto (s.m.) – Lit.
O tercilho (s.m.) .... – Música
Il teschio (s.m.) .... A caveira (s.f.)
Il testimone (s.m.) .... A testemunha (s.f.)
La testimonianza (s.f.) .... O testemunho (s.m.)
Il tiglio (s.m.) .... A tília (s.f.)
La tigre (s.f.) .... O tigre (s.m.)

Il tiraggio (s.m.)	A tiragem (s.f.)
Il tonnellaggio (s.m.)	A tonelagem (s.f.)
Il torlo, il tuorlo (s.m.)	A gema de ovo (s.f.)
La torpedine (s.f.)	O torpedo (s.m.)
Il tostapane (s.m.)	A torradeira (s.f.)
Il tradimento (s.m.)	A traição (s.f.)
Il traguardo (s.m.)	A linha de chegada (s.f.)
Il traliccio (s.m.)	A aniagem (s.f.)
Il trapano (s.m.)	A broca (s.f.)
La trascuratezza (s.f.)	O desleixo (s.m.)
Il trasloco (s.m.)	A mudança (s.f.)
La trottola (s.f.)	O pião (s.m.)
Il tulipano (s.m.)	A tulipa (s.f.)
Il turacciolo (s.m.)	A rolha (s.f.)
La tuta (s.f.)	O macacão (s.m.)

■ U

Le uova (s.f.pl. mas é m. no sing.)	Os ovos (s.m.pl.)
L'uncinetto (s.m.)	A agulha de crochê (s.f.)
L'uniforme (s.f.)	O uniforme (s.m.)
L'uscio (s.m.)	A porta (s.f.)

■ V

Il vaccino (s.m.)	A vacina (s.f.)
Il vagabondaggio (s.m.)	A vagabundagem (s.f.)
Il vaiolo (s.m.)	A varíola (s.f.)
La valle (s.f.)	O vale (s.m.)
Il valzer (s.m.)	A valsa (s.f.)
Il vantaggio (s.m.)	A vantagem (s.f.)
Il vassoio (s.m.)	A bandeja (s.f.)
La vernice (s.f.)	O verniz (s.m.)
La vestaglia (s.f.)	O robe (s.m.)
La vetta (s.f.)	O cume (s.m.)
Il viaggio (s.m.)	A viagem (s.f.)
Il viale (s.m.)	A alameda (s.f.)
Il villaggio (s.m.)	A aldeia (s.f.)
Il viscere (s.m.)	A víscera (s.f.)
La vite (s.f.)	O parafuso (s.m.)
La vitiligine (s.f.)	O vitiligo (s.m.)
Il volano (s.m.)	A peteca (s.f.)
Il voltaggio (s.m.)	A voltagem (s.f.)

Z

Lo zabaione (s.m.) .... A gemada (s.f.)
Lo zaffiro (s.m.) .... A safira (s.f.)
Lo zaino (s.m.) .... A mochila (s.f.)
La zanzara (s.f.) .... O mosquito pernilongo (s.m.)
La zavorra (s.f.) .... O lastro (s.m.)
La zecca (s.f.) .... O carrapato (s.m.)

BIBLIOGRAFIA

- ZINGARELLI, Nicola
  Vocabolario della lingua italiana (10.ª edizione). Zanichelli. 1971.

- BUARQUE DE HOLANDA, Aurélio
  Novo Aurélio Século XXI – *O dicionário da língua portuguesa* (2.ª edição) – Rio de Janeiro. Nova Fronteira S.A. 1999.

- SPINELLI, Vincenzo e CASASANTA, Mario
  Dizionario completo Italiano–Portoghese (Brasiliano) e Portoghese (Brasiliano)–Italiano. Milano. Ulrico Hoepli Editore S.p.A. 1978.

- CEPPELLINI, Vincenzo
  Nuovo dizionario pratico di grammatica e linguistica – Novara. Istituto Geografico De Agostini S.p.A. 1996, 1999.